Martine Bijl

Königin außer Dienst

Aus dem Niederländischen
von Lisa Mensing

Paul Zsolnay Verlag

Die Originalausgabe erschien erstmals 2018 unter dem Titel
Rinkeldekink im Verlag Atlas Contact, Amsterdam.
Die Publikation dieses Buches wurde finanziell unterstützt
von der Dutch Foundation for Literature.

Nederlands letterenfonds
dutch foundation
for literature

1. Auflage 2021

ISBN 978-3-552-07230-5

Satz: Nele Steinborn, Wien
Autorenfoto: © Jelmer de Haas
Umschlag: Anzinger und Rasp, München
Motiv: Water Dragon © Yeachin Tsai, 2020
Druck und Bindung: CPI books GmbH, Leck
Printed in Germany

FSC
www.fsc.org
MIX
Papier aus verantwortungsvollen Quellen
FSC® C083411

Für Yan und Winnie

Rehabilitationsklinik

Der Anfang

Es war ein schöner Herbstmorgen Mitte September 2015. Ich machte ausgeschlafen und zufrieden neben dem Bett meine Morgengymnastik, erfüllt von Hochmut und Selbstüberschätzung. Zum damaligen Zeitpunkt lief mein Leben wie am Schnürchen. Ich hatte ein kleines, aber feines Buch geschrieben, die Aufnahmen für die Sendung *Heel Holland bakt – Ganz Holland backt* (der erfüllendste Job seit langem) waren für diesen Sommer abgeschlossen. Es standen nur noch ein paar Kleinigkeiten an. Ich war mit mir selbst unglaublich zufrieden, schließlich konnte ich einfach alles. Ich war so robust wie Beton!

Die Sonne schien ins Schlafzimmer. Hinter meinen Augen platzte ein Ballon. Berend rief aus der Ferne meinen Namen.

Beton war zu Porzellan geworden.

Zum Glück waren die Nachbarn zur Stelle. Wenige Minuten später ertönte draußen auf der Straße die Krankenwagenmelodie. Ein Fahrzeug bog in die Einfahrt, ich hörte den Kies knirschen. Beschwingte und zugleich ernsthafte Männer trugen eine Trage die Treppe hinauf und kamen ins Schlafzimmer. Ziehen Sie sich am besten etwas über, sagten sie zu Berend.

Mir sprachen die Sanitäter beruhigend zu. Ich war ihnen so

dankbar. Ich merkte, dass mit mir irgendwas nicht stimmte, doch ich hatte keine Schmerzen. Alles in Ordnung. Sie legten mich auf die Trage, aber weil ich in der Waagerechten bleiben musste, konnten sie mit mir nicht die Treppe runter. Sie banden die Trage am Haken des Hubrettungsfahrzeugs fest, das nach langem Warten endlich gekommen war und unten auf dem Kies stand, und schoben mich aus dem Fenster. Ich konnte weder das Hubrettungsfahrzeug noch Berend unten sehen. Die Sonne schien. Ich schaukelte ganz für mich allein in der Luft, hoch über dem Kies, wie Moses in seinem Binsenkörbchen. Die Blätter der großen Trauerbirke rauschten wie Schilf. Ich sah aus der Nähe die höchste Etage des Hauses, Dachpfannen, den frisch gestrichenen Giebel. Das fand ich bemerkenswert, dass ich dort hing und all das sah. Ich hatte keine Angst, ich war die Ruhe selbst. *Ganz Holland sackt*, sagte ich albern zum Sanitäter, kurz bevor mich der Bediener des Hubrettungsfahrzeugs sanft auf den Kies bettete. Ich konnte mich gar nicht mehr bei ihm bedanken, weil ich umgehend zusammen mit Berend in den Krankenwagen verfrachtet wurde. Berend konnte ich danach nicht mehr sehen, weil er nach vorne zum Fahrer musste. Der zweite Sanitäter saß bei mir. Ich gehe davon aus, dass Berend Angst hatte, aber davon bekam ich nichts mit, ich sah nur, wie die Baumwipfel vorbeirauschten, und dachte ein einziges Mal: Ah ja, hier sind wir. Das kenne ich. Das ist Bijlmer. Ich hatte keine Ahnung, dass ich eine Hirnblutung hatte.

Was sie sonst mit mir angestellt haben, weiß ich nicht. Es scheint alles in allem einige Stunden gedauert zu haben, das Warten auf das Hubrettungsfahrzeug mitgerechnet. Doch sobald ich im Krankenwagen lag, ging es schnell.

Durch einen dunklen Höllenkorridor glitt ich ins Krankenhaus. Dort war es eiskalt. Der Anästhesist sagte beruhigend »ich bleibe bei Ihnen« – und ging weg. Nein, ich ging weg, ich fuhr aus meinem Kopf.

Später erzählte mir Berend, dass er mich nur noch »Verdammtescheißeverdammt« hatte sagen hören, deutlich artikuliert.

Und dann bin ich allein. Berend ist auch nicht mehr da.

Vom aufgeheizten Dach eines Hochhauses kratze ich mit meinen rissigen Nägeln angetrocknete Taubenkacke ab, während sie unten mein Aneurysma verschließen – ich bin immer noch der Meinung, dass ich dem Chirurgen eine Handvoll Taubenkacke hätte reichen können, vom Dach aus in den Operationssaal nach unten, wo sie genau in dem Augenblick schwer mit einem regungslosen Geschöpf beschäftigt waren. Doch in der Sekunde, in der sie die unerwartete Re-Blutung so gut wie möglich zu stoppen versuchen, drückt der Rotterdamer Bürgermeister Aboutaleb gelassen den Atombombenknopf. Er steht am Rand des Daches und sieht mich freundlich an. Nicht wirklich, oder? Der nette Aboutaleb!

Man kann sich selbst wirklich alles übelnehmen.

Man kann sich selbst sogar seine eigenen Halluzinationen übelnehmen.

Ein strahlender Atompilz erhebt sich am Horizont, während die Amsterdamer im rosa Morgenlicht zur Arbeit gehen. Die Farben sind niederschmetternd schön. Ich bin die Einzige, die sie sieht, und ich kann es niemandem sagen, obwohl ich es wahrhaftig erlebe.

Aber auch wenn es Beifall gegeben hätte, hätte ich ihn nicht gehört. Denn in jenem Moment lief ich in meinem Kopf in einem riesigen Saal in der Amsterdam Arena herum, die von meinem Zimmer im Uniklinikum aus zu sehen war. In diesem Saal der Wahnvorstellungen lagen unzählige Fußballbonzen und leicht verletzte Fußballer in weichen, breiten Betten und schauten sich wichtige Spiele an. Ich servierte teuren Champagner, schließlich hatten die Leute einiges dafür hingeblättert, um hier ein Bett zu ergattern. Den Champagner schenkte ich aus hauchdünnen Teekännchen aus Porzellan in hauchdünne Tässchen aus Porzellan. Später habe ich immer mal wieder gedacht: Was für eine ausgezeichnete Idee, mit allen zusammen herumlungernd für viel Geld stumpf ein Spiel anzusehen, das muss ich mal jemandem vorschlagen. Aber es wurde jeden Tag weniger erbaulich. Wie schnell vergeht die Zeit während eines Wahns? Wie schnell ist der Wahn selbst? Die Gäste starben, einer nach dem anderen, oder sie wollten nach Hause, doch das durften sie nicht – erst, wenn sie an der Reihe waren. Jeden Tag durfte einer gehen.

Am Ende lag ich selbst im letzten Bett, alle anderen waren schon weg, und ich wollte auch endlich nach Hause. Ich drückte immer wieder die Klingel, um Hilfe zu holen. Nur morgens nach dem Wachwerden durfte man klingeln. Nicht früher, denn dann verdarb man sich den ganzen Tag. Doch immer wieder kam dieselbe Krankenschwester zu mir. Ich flehte sie an, mich da rauszuholen. Morgen dürfen Sie gehen, sagte die Schwester. Morgen.

So wartete ich jeden Tag hoffnungsvoll auf den Morgen. Es wurde schon hell. Und da kam auch endlich die Schwester! Ich hörte ihre Schritte, auf klackernden Schwesterabsätzen.

Morgen dürfen Sie gehen, sagte die Schwester.

Später erzählte ich jemandem davon, und der sagte: Oh, eine sich wiederholende Wahnvorstellung.

Als ich nach Wochen wieder etwas sagen konnte, fragte ich den Chirurgen: »Herr Doktor, wieso bekommt man eine Hirnblutung?« Ohne zu zögern antwortete er: »Zufall.«

Verdammtescheißeverdammt und *Zufall,* zwei unbedeutende Ausdrücke für ein unbedeutendes Ende. Aber es gibt mich immer noch. Ich dachte: Ich bin hier noch nicht fertig.

Nein, das stimmt nicht. Das dachte ich nicht. Aber so stelle ich es mir gerne vor.

Zimmer

Nach meiner Hirnblutung verbrachte ich die ersten fünf Wochen in verschiedenen Krankenhäusern, danach kam ich in die Rehabilitationsklinik. Sie würden es mit mir versuchen, sagten sie. Berend hatte von der Klinik gehört. Sie war gerade äußerst geschmackvoll, aber etwas eigentümlich umgebaut worden. In meinem wundervollen Zimmer auf der Station *Neuro B2* ist die Stromversorgung dermaßen extravagant, dass man vermutlich ein Genie sein müsste, um das Ganze auch nur ansatzweise verstehen zu können. Ich glaube, ich bin eine der Ersten, die auf einem dieser neuen Zimmer liegen darf, dabei bin gerade ich noch nicht besonders klar im Kopf.

Ich muss zugeben: Ich beschwere mich schon seit Jahren über diverse Konstrukteure. Auch schon, als bei mir im Kopf noch alles an der richtigen Stelle saß. Aber was sollen völlig verwirrte Hirngeschädigte mit all diesen Geistesblitzen anfangen? Die Techniker setzen sich an ihren Zeichentisch und lassen ihre Träume wie Fürze entweichen, und manchmal stinken die Fürze eben ein wenig. Ich dachte eine Zeit lang, dass vielleicht nur mir diese besondere Einrichtung zuteilwurde, weil sie mir das schönste Zimmer geben wollten. Damals dachte ich noch, ich sei etwas Besonderes. Aber ich glaube, diese Einrichtung gab es in allen Räumen.

Alles ist nigelnagelneu, und dann natürlich auch das Modernste vom Modernen, was für mein Zimmer bedeutete, dass nicht ein einziger Lichtschalter das tat, was ein Lichtschalter für gewöhnlich tun sollte. Einfach knips, und dann geht das Licht an. Mehr will ich gar nicht. Ich will nicht undankbar sein, das steht mir an so einem fantastischen Ort auch nicht zu, aber mir war die ganze Elektronik in dem Zimmer unheimlich. Ich verstehe schon das einfachste Handy nicht, und jetzt habe ich einen Hirnschaden und kapiere gar nichts mehr.

Ich frage Berend, ob ich verrückt geworden bin, weil ich Wahnvorstellung und Wirklichkeit nicht mehr voneinander unterscheiden kann. Berend glaubt nicht, dass ich verrückt geworden bin. Jeder, der in meinem Zimmer vorbeischaue, um das Elektronikwunder zu bestaunen, versuche das System dahinter zu verstehen, doch es gelinge nahezu niemandem. Auch ein paar wohlwollenden Pflegern nicht. Wenn die eine Lampe angehe, gehe die andere aus. Wenn die andere Lampe angehe, gehe erstere kaputt.

Das beruhigt mich dann wieder ungemein: Es steckt doch ein System dahinter. Andererseits: In den ersten Tagen halluzinierte ich mich dumm und dämlich, vermutlich wegen der Medikamente.

Aber man dachte an mich. Weil regelmäßig Teile der Beleuchtung ausfielen, tauchten immer wieder andere Männer in meinem Zimmer auf, die hohe Leitern ausklappten und dann über meinem Kopf auf dem Zwischenboden herumkrochen und nach dem Rechten sahen. Sogar sonntags kamen sie! Argwöhnisch, wie ich von Natur aus bin, dachte ich, es seien Männer, die etwas Schlechtes mit mir im Sinn hatten, obwohl sie für mich doch nur alles tipptopp in Ordnung bringen wollten. Später habe ich darüber nachgedacht, dass solche unerwarteten Besuche auf einer Station, auf der der Großteil der Patienten noch nicht wieder ganz auf dem Damm ist, nicht besonders vernünftig sind. Wie auch immer, der Grad meiner Verwirrtheit war hoch und stieg munter weiter. Ich sah die Männer und dachte: Das sind verfluchte Journalisten! Aber dem war nicht so. Es waren einfach nette, hilfsbereite Elektriker vom Störungsdienst.

Sie gaben wirklich ihr Bestes, sich nicht mit mir zu unterhalten, denn sie konnten mir ansehen, dass ich nicht auf Smalltalk aus war. Murmelnd entfernten sie Kacheln aus der Decke, kletterten die Leiter hoch, machten irgendwas auf dem Zwischenboden und krochen dort ein bisschen herum. Danach entfernten sie ein paar Schalter von der Wand über meinem Bett, die sie nie wieder anbrachten. Die Drähte hingen danach einfach aus der Wand.

Alles, Wahn und Wirklichkeit, verschmilzt. Über meinem Bett hängt der Fernseher. Der ist auch so ein Fall für sich. Er hat so eine moderne Wandhalterung, damit man ihn in alle Richtungen drehen kann. Ich habe noch nie so etwas Ausgefallenes gesehen. Auch später habe ich sowas nie wieder gesehen, und ich hoffe, das bleibt auch so.

Das ganze Erscheinungsbild dieses Geräts hat nur einen Effekt: Ich halte es für eine Bestie. Die Bestie dreht sich in alle Richtungen, jedenfalls bilde ich mir ein, sie würde sich drehen. Sie hat vier Beine, einen Schwanz und Schuppen. Wenn sie sich einmal die ganze Runde gedreht hat, wird sie schwelen und schmelzen und zu guter Letzt brennend auf mein Bett tropfen und die Decke entzünden.

Davon bin ich fest überzeugt, ich habe Angst. Ich traue mich nicht, die Klingel zu drücken, um die Feuerwehr zu alarmieren. Ich weiß auch gar nicht, wo sich die Klingel befindet.

Später habe ich diesen Fernseher noch oft benutzt. Zu dem Zeitpunkt hat er sich auch nicht mehr gedreht. Meistens lief einfach irgendeine Sendung. Eine informative Sendung.

Neben meinem Bett habe ich schöne Blumenfotos an die Wand gehängt, die Blumensträuße aus meinem Garten zeigen. Berend hat die Sträuße immer fotografiert und mir die Fotos jetzt mitgebracht. Tröstliche, hübsche Fotos.

Eines Morgens hängen dort plötzlich andere Fotos, von boshaften hinterlistigen Hunden mit gefletschten Zähnen. Die Fotos waren mit der Wand verschmolzen, ich hatte keine Chance, sie abzunehmen. Ich konnte mich mit meinem ganzen Gewicht dranhängen, es half nicht. Manchmal, an anderen Tagen, hingen sie plötzlich irgendwo anders im Zimmer.

Und ich sagte nichts, nur Berend und Yan und Winnie habe ich davon erzählt. Ich weiß nicht mehr, warum, vermutlich habe ich mich geschämt, aber ich traute mich einfach nicht, anderen davon zu erzählen, oder ich konnte es nicht. Ehrlich gesagt wollte ich auch nicht viel Besuch bekommen. Ich konnte schon noch kommunizieren, ich konnte um eine Tasse Tee bitten, und ich konnte sagen, dass es mir gut ging. Niemand konnte mir etwas ansehen. Jeder war offenbar unterwegs zu einem bestimmten Ziel, und ich befand mich hinter der Leitplanke auf dem Seitenstreifen, ich konnte sie nicht erreichen, und sie mich nicht. Niemand bemerkte das. Es war, als hätten sich all meine Ängste unter einer Eisschicht angestaut, die nicht brechen wollte. Darunter herrschte Chaos. Es war ein riesiges Durcheinander.

Über dem Waschbecken in meinem Zimmer befinden sich, wenn ich es richtig sehe, luxuriöse Hygieneartikel: ein Seifenhalter, ein Halter mit Tüchern, ein glänzender Kran. Den Kran halte ich für ein abscheuliches, tropfendes Biest. Jeden Morgen erwarte ich, dass all das verschwunden ist. Ich glaube fest daran. Wenn man dem Arzt sowas erzählt, wird er nervös, weil er denkt, man hätte Stimmen im Kopf, also sage ich nichts. Sonst denkt er, ich sei verrückt.

Ich habe ja auch keine Stimmen im Kopf. Wirklich nicht. Das habe ich nie, auch noch nie gehabt. Niemand hat mir jemals wortwörtlich etwas versprochen: Ich habe nichts gehört. Jedes Versprechen waberte geräuschlos in mir und wurde jeden Morgen sofort wieder gebrochen. Heute glaube ich, dass das eigentlich egal ist. Sobald ich meine Augen öffne, kontrolliere ich, ob die beängstigenden Sachen fort sind. Sie sind immer noch da.

Berend gibt sich die allergrößte Mühe. Er ist mein Held, er verscheucht die Wahnvorstellungen. Ich glaube, er weiß nicht, was er sonst machen soll. Berend sagt: »Es sind nur Wahnvorstellungen! Zeig ihnen, wo der Hammer hängt! Du bist der Boss, oder? Schick sie weg!« Wie oft habe ich in meinem Zimmer die Worte »Verschwinde, Wahnvorstellung! Du bist nicht echt!« gesagt.

Und eines Tages sind sie wirklich verschwunden. Ich bin unendlich dankbar.

E.T.

In mir wohnt ein fremdes Wesen. Als ich eine kahle Stelle am Kopf hatte und die Tür zu meinem Gehirn geöffnet war, ist es hineingekrochen. Erst dadurch ist mir bewusst geworden, was sich da überhaupt in meinem Kopf befindet. Ich weiß nichts über mein Gehirn, habe nie darüber nachgedacht. Ich weiß auch nicht, wer der Besucher ist, ich habe ihn nicht eingeladen. Er verbreitet Chaos, aber ich habe ihm einen Namen gegeben, denn dadurch habe ich weniger Angst vor ihm. Wenn man jemandem einen Namen gibt, kann man auch Freundschaft mit ihm schließen, wie mit einem Haustier. Deshalb heißt er jetzt E.T., wie der außerirdische Altherrenteenager im Film von Steven Spielberg.

Und sofort weiß ich, wie er aussieht.

Ich glaube, E.T. hat auch Angst vor mir, er ist auf jeden Fall sehr launisch. Wenn wir einander aus Versehen ansehen, kreischen wir beide vor Schreck und Entsetzen. Sein verstörtes Schildkrötengesicht mit den Glupschaugen stimmt mich etwas milder. Aber wenn er erstmal loslegt, gibt es nichts mehr zu lachen. Er wirft sich gegen die Schädelwände und lässt meinen Kiefer verkrampfen. Er murmelt und zischt. Ich spüre, wie er kramt und stöbert, brausend und klickend schießt er in meinem Körper hin und her wie eine Luftblase in der Heizung. Er streift meinen Körper wie eine Jacke über. Er steckt seine langen Arme tief in meine und kratzt und scheuert am Fleisch unter meiner Haut, die dünner als Papier ist. Ich spüre seine knochigen Finger mit diesen abgeplätteten vorderen Gliedern. Es gelingt mir oft nicht, etwas in die Hand zu nehmen, und wenn ich es wider Erwarten geschafft habe, zwingt er meine Hand dazu, es weiter festzuhalten. Besteck, eine Zahnbürste, ich werde diese Dinge nicht mehr los. Ich muss sie erst mit der anderen Hand wegnehmen. Erstere verweigert jeden Befehl. Die eine Hand will die Schublade aufziehen, die andere hält sie zu. So komme ich nicht weiter. Erst wenn ich streng »Aus!« zu E.T. sage, lässt er locker. Aber auch nur manchmal, und dann immer nur widerwillig. Ich muss meinem eigenen Körper also völlig idiotisch gut zureden.

Wenn ich aufstehe, um ein Schälchen aus dem Schrank zu nehmen, spielt er sich auch als Herrscher über meine Beine auf. Ich schaukle eine ganze Zeit lang hin und her, aber es kommt keine Bewegung rein. »Links«, sage ich. »Zum Schrank. Nun mach schon!« Das haben sie mir in der Therapie so beigebracht. Man muss es einfach laut und deutlich sagen, das hilft einem. Links, rechts, links, rechts. Ich gebe einen guten Boris Karloff ab. Die Leute wissen natürlich nicht, dass ich mit E.T. rede, sie denken, ich würde mit mir selbst reden. Wie auch immer: Meistens funktioniert es. Halleluja, ich gehe. Links, rechts. Schranktür auf, Schälchen nehmen, zurück zum Tisch. Schälchen hinstellen. Nochmal, sagt E.T. Schälchen wieder hochheben. Zum Schrank. Absetzen. Das Ganze fünfmal wiederholen, und dann noch einmal. Zum

Schluss verliere ich die Geduld. »Stell die Schüssel ab, du dumme Gans! Und lass sie stehen! Mach die Tür zu! Links, rechts!«

E.T. zieht sich murrend zurück. Ich habe gewonnen. Aus Rache sorgt er dafür, dass sich mein Kiefer verkrampft.

Manchmal verschwindet er kurz, aber nie lange. Er kommt zurück. Ich bemerke ihn, als ich abends mein schönes Oberteil ausziehen will und es dabei in Fetzen zerreiße. Ich will das nicht, aber ich kann nicht aufhören.

Manchmal, wenn ich mich im Bett umdrehe und zufällig meinen Arm berühre, spüre ich nichts, so als hätte jemand einen fremden Arm neben mich gelegt, den ich sinnloserweise immer wieder kneife. Und wem gehört das fremde, behaarte Bein? Es fühlt sich menschlich an, aber zu mir gehört es nicht.

Warum schmeiße ich dieses störende, mir unbekannte Ding nicht einfach aus dem Bett? Das geht nicht. Warum nicht? Weil ich selbst daran befestigt bin! Also muss ich auch danebenliegen! Neben mir liegt ein Arm, der nichts mehr von mir wissen will. Ich kann ihn unglaublich fest kneifen, aber ich merke davon nichts. Und dennoch: Wenn ich im Garten an einem Rosenbusch vorbeigehe, ist die Berührung eines Dorns unerträglich schmerzhaft. Ein kleiner Streich von E.T., der mir alles nach Lust und Laune weismachen kann. Ich würde mir gerne ein Bein brechen, wenn ich im Gegenzug nicht den Schikanen meines Hirns ausgesetzt wäre. Es ist unglaublich verstörend, im Kopf Angst zu haben und nicht zu verstehen, warum und wovor.

E.T. ist immer noch da. Der geht nie wieder weg. Er schläft viel; er wird auch älter, genauso wie ich. Manchmal wird er kurz wach und reckt und streckt sich stöhnend. Mittlerweile ist er ein Teil von mir geworden. Wahrscheinlich wird er mich überleben. Später, wenn ich tot bin und sie mich aufschneiden, finden sie einen bösartigen, schwarzen Klumpen hinter meinen Augen, der wild alles um sich herum annagt, bis er mich verspeist hat.

Die vornehme Dame

Auf meiner Station gibt es eine ältere Dame, die gerne mit jedem, der vorbeikommt, ein Schwätzchen hält. Sie spricht genauso, wie Königin Beatrix früher gesprochen hat, als wäre sie von hoher Geburt.

So redet heutzutage kaum noch jemand, bis auf ein paar ältere Herrschaften, denen es von ihren Familien so beigebracht wurde. Unser derzeitiger König Willem-Alexander fängt mit diesem Quatsch erst gar nicht an. Irgendwie auch schade. Die ältere Dame und mich trennen ein paar Jahre, und ich bin weder vornehm noch von hoher Geburt. Sie spricht vermutlich so, wie sie es aus ihren Kreisen gewohnt ist, präzise artikulierend und höflich. Sie hüllt sich in ihre Sprache wie in einen stilvollen Mantel.

Ein bisschen sieht sie auch wie eine Königin aus, die gerade nicht im Dienst ist. Am Frühstückstisch erscheint sie immer in einem feinen Morgenmantel, ordentlich gekämmt und mit allen Manieren am rechten Fleck. Manchmal stehen die Butter oder die Marmelade ganz oben im Kühlschrank. Wenn sie dann um die Marmelade bittet, tut sie das so höflich wie nur irgend möglich. Sie sagt *Konfitüre,* ohne dabei affektiert oder arrogant zu wirken. Wenn sie um etwas bittet, gibt sie dabei verlegene Laute von sich, wie jemand, der sich nicht wirklich traut, zu fragen. Sie bittet um die Konfitüre und sagt im selben Atemzug, dass es nicht nötig sei, wenn es Umstände bereite.

Aber jeder hilft ihr gerne. Beim Frühstück hat sie mir erzählt, sie sei nicht zum ersten Mal hier. Sie werde jedes Jahr ein bisschen aufgepäppelt, nachdem sie hier vor vielen Jahren Patientin gewesen ist. Ich weiß nicht, ob man sich in solchen Gesundheitseinrichtungen eine Sonderbehandlung erkaufen kann, aber ich glaube, dass sie ganz gut bei Kasse ist. Ich sehe sie beim Frühstück, im Schwimmbad, freundlich, spindeldürr und mit gewissen angeborenen Allüren. Selbst wenn diese Frau einen Badeanzug trägt, ist sie immer noch bildhübsch. Und sie kommt regelmäßig wieder und lässt alles mit strahlender Dankbarkeit über sich ergehen. Sie ziehen sie durch das ganze Schwimmbecken, und sie strahlt.

Ich weiß nicht, worunter sie litt, ich weiß auch nicht, welchen Namen die Krankheit trug, die sie hatte, aber wahrscheinlich leidet sie vor allem an Einsamkeit. Oder auch an Einsamkeit. Ihr Leiden ist auf jeden Fall eines, das nicht vorübergeht. Deshalb kommt sie Jahr um Jahr für ein paar Tage für Übungen und eine weiterführende Therapie zurück. Ich glaube, sie freut sich jedes Mal ungemein auf diese Zeit.

Im Flur hängt die Mitteilung, man könne zur Nachbesprechung auf eine Tasse Kaffee vorbeikommen, auch die Angehörigen. Manchmal bin ich überrascht, wie gerne die Leute wiederkommen, zu einer Behandlung, einem Wiedersehen mit anderen Patienten, einem Informationsabend, für alles Mögliche. Ich schaue auch manchmal vorbei, aber nicht um andere Patienten wiederzusehen. Einmal gehe ich zu einem Kurs dorthin, und dann schaue ich kurz bei den Pflegerinnen der Neuro-Station vorbei, auf der ich so lange gelegen habe.

Bei »den Mädels« war man in Sicherheit. Ich vermisse manchmal den abgeschlossenen Raum auf der Station, in dem ich so viele Wochen auf meinem Bett gelegen habe.

Als ich schließlich definitiv die Mädels von der Station *Neuro B2* verlassen durfte, haben sie zusammen eine Art Triumphbogen mit ihren Armen geformt, unter dem ich zum Abschied hindurchgehen durfte. Ich muss immer noch schlucken, wenn ich daran zurückdenke, dass sie sowas für mich gemacht haben. Im Frühling oder im Herbst oder zu Weihnachten bringe ich manchmal Blümchen vorbei. Ich vermisse sie. Eigentlich immer noch. Manchmal sagen sie: Jetzt müssen Sie aber wirklich nicht mehr vorbeischauen, okay? Das ist nicht gut für Sie! Ich vermute, sie denken, man müsse irgendwann wieder loslassen. Aber meine ältere Dame kommt immer zurück. Ich hoffe, dass sie das auch noch sehr lange darf.

Jetzt sind wir beide noch da. Ich treffe sie heute zufällig wieder mal am Kakaoautomaten im Gemeinschaftsraum, aus dem warmer Kakao kommt, der mich ganz glücklich macht. Ich trinke den lieben langen Tag davon. Ich werde bestimmt eine kleine Tonne. Frusttrinken.

Ich frage die ältere Dame, ob sie auch Kakao haben möchte. Gerne, wenn es keine Umstände macht. Aber es ist wirklich nicht nötig.

»Wundervoll, finden Sie nicht auch?«, sagt sie. »Finden Sie nicht auch? Das hätte ich um nichts in der Welt missen wollen!«

»Tja, ich schon«, antworte ich schnell. Für eine Sekunde dachte ich, sie würde den Kakao meinen, aber sie meinte den Aufenthalt in der Rehaklinik. Ich nehme es ihr fast übel, dass sie sich ihrem Schicksal einfach so fügt. Sie nickt mir freundlich zu und geht weiter. In meinem Kopf, der sich immer schuldig bekennt, heißt es dann wieder, sie gehe von dannen, weil ich etwas Falsches gesagt habe.

Dabei hatte die Begegnung so vielversprechend angefangen! Warum sage ich nicht einfach: »Da haben Sie aber sowas von recht! Schon allein der Kakao ist es wert. Vielleicht dürfen wir uns ja kurz zusammen hineinlegen!« Dann hätte ich wenigstens einen Witz gemacht. Und vielleicht hätte die ältere Dame dann noch erzählen können, wie wunderbar es ist, wenigstens einmal im Jahr ein paar Menschen um sich zu haben, die einem hochhelfen und einen ein Stückchen durchs warme Wasser eines fast leeren Schwimmbeckens tragen.

Weinen

Jeden Morgen, wenn ich meine Augen einen Spalt weit öffne, strömt eine Tränensturzflut heraus, Kindern gleich, die sich drängelnd vor dem Schultor versammelt haben. Ich weine nicht, die Tränen kullern einfach so. Und wenn keine mehr da sind, sind keine mehr da. Vielleicht habe ich schlecht geträumt, aber davon weiß ich nichts mehr.

Das sind die Morgentränen. Sie sind wie das morgendliche Pinkeln, der Urin muss einfach raus, weil es Morgen ist.

Übrigens wird in der Neurologie den ganzen Tag über viel geweint. Ich weine auch viel. Ich weine oft, es sind kleine Schluchzanfälle. Das Weinen nach einer Hirnblutung gehört anscheinend einfach dazu, genau wie nach einem Herzinfarkt, jeder macht das.

Ich nun wieder. Wenn ich spontan einen kleinen Heulanfall bekomme, muss ich mich nicht wundern. Wenn es um Gefühle geht, bin ich eigentlich nicht so spontan. Für mich ist das so ungewohnt, dass ich es sogar jetzt nicht lassen kann, anschließend einen schlechten Witz zu machen. In meinem gesamten Erwachsenenleben habe ich so gut wie nie geweint. Ich habe mich geschämt, wenn ich weinen musste. Und jetzt kann ich es auf einmal. Jetzt kann ich es gar nicht mehr zurückhalten, selbst wenn ich das wollte. Ich sehe einen schönen Disneyfilm, und ich muss weinen. Alles, was mich früher kalt gelassen hat, bringt mich jetzt zum Weinen. Berend weint auch regelmäßig ein bisschen mit, weil uns das Erleichterung verschafft. Wenn ich ein Tief habe, weil mir das alles nicht schnell genug geht, und ich von Selbstmitleid übermannt werde, weint Berend erst kurz mit, bevor er mir Mut zuspricht.

Aber er weint nicht immer mit. Wenn ich einen unaufhaltbaren Tränenstrom zum Besten gebe, während wir dem riesigen, orangen Staatslotterie-Wal im Fernsehen zusehen, der sich so lustig umdreht und mir freundlich und beruhigend zuzwinkert, weine ich allein. Was für ein lieber Riesenfisch, der mir so beruhigend zuzwinkert! Wäre dieser Fisch doch mein Vater! Nein, jetzt lüge ich. Ich würde auf keinen Fall wollen, dass dieser Wal mein Vater ist, auch wenn er ihm ähnelt. Mein Vater konnte die Ohren nach hinten bewegen, und dann sah er wie ein Fisch aus, dann hatte er Fischaugen mit einem Fischblick, sagte meine Mutter immer.

Wie auch immer, wenn es um einen zwinkernden Wal geht, weint Berend nicht mit.

Als ich schon lange von der Reha zurück bin und wieder zu Hause wohne, ist es immer noch nicht vorbei. Ich muss andauernd weinen. Nicht sehr verzweifelt, aber das ist mir erst jetzt klar geworden. Wirklich geweint habe ich erst zwei Jahre später, und damals habe ich auch gleich das ganze Krankenhaus, in dem ich mich befand, unter Wasser gesetzt.

Zurzeit ist es eher ein grundloses Flennen. Dafür braucht es nicht viel. Beim Fernsehen weine ich am häufigsten. Über die Bilder, die jeden zum Weinen bringen, weine ich auch.

Aber auch der ungepflegte dicke Michael Moore bringt mich zum Weinen, weil er so viel Engagement zeigt für das, was er tut. Er trägt zwar einen stinkenden Pulli, genau wie unser USA-Spezialist Maarten van Rossem, aber Maarten van Rossem bringt mich nicht zum Weinen. Michael Moore schon.

Auch der Fernsehmoderator Paul Witteman bringt mich zum Weinen.

Was? Wer weint denn bitteschön wegen Paul Witteman? Einmal sehe ich dabei zu, wie er eine neue Sendung präsentiert. Es ist schon einige Jahre her. Er muss ohne seinen Co-Moderator auskommen, Jeroen Pauw sitzt nicht mehr neben ihm, und er sucht augenscheinlich nach einem Ersatz. Er hat noch keinen neuen Partner gefunden, er greift nach jedem Strohhalm. Dieser tief beschämte Mann, der sich dann doch auf Händen und Knien auf eine Yogamatte setzt, mit einem ausgestreckten Bein, und sagt, er suche das Glück. Während ich denke, dass er einfach nur eine neue, erfolgreiche Sendung sucht, am liebsten mit viel Johann Sebastian Bach, aber nun ja, irgendwas muss man ja schließlich machen. Dann kommen mir die Tränen. Kurz.

Später moderiert er übrigens eine neue Sendung, und sie ist schöner, als er es sich je hätte erträumen können.

Davon bin ich fest überzeugt.

Im Gemeinschaftsraum treffe ich beim Frühstück eine ältere Frau, die unglaublich lieb ist. Sie sitzt genau wie ich in einem Rollstuhl und schiebt schweigend ihr Butterbrot hin und her.

Die ältere Frau nickt mir freundlich wie immer ein »Guten Morgen« zu. Sie gibt keinen Ton von sich, das kann sie nicht.

Ihr Butterbrot liegt auf einem Teller, auf dem man es in Stücke schneiden kann, ohne dass die Stücke dabei auf dem Boden landen. Irgendwer hat extra so einen Teller erfunden und hergestellt. Vielleicht jemand, der eine Zeit lang in einer Rehabilitationsklinik leben musste und für alle Hilfestellungen dankbar war.

Das Schneiden des Butterbrots auf dem Wunderteller fällt ihr noch schwer. Mit der Gabel schiebt die alte Frau die Stückchen von links nach rechts und vor und zurück. Plötzlich verzieht sie das Gesicht. Ohne Laut. Ich will aufstehen. Ich will sie umarmen und trösten und festhalten und das Butterbrot für sie schneiden. Ich will die Florence Nightingale der Station werden, der Sonnenschein der Abteilung, damit alle sehen können, wie lieb ich bin. Das ist keine vollkommen selbstlose Tat. Ich habe hier ein tiefes Bedürfnis nach Freundlichkeit, Bewunderung und Dankbarkeit, auch wenn ich selbst den ersten Schritt machen muss. Achtung, ältere Dame, hier komme ich mit all meiner Liebe. Ich will aufstehen. Eine Pflegerin hält mich sanft zurück. »Lassen Sie das mal besser«, sagt sie, »bleiben Sie einfach sitzen. Sie dürfen noch nicht aufstehen.«

Jetzt fange ich auch an zu weinen.

»Ist nicht so schlimm«, sagt die Pflegerin. »Sie müssen wissen, dass das kein echtes Weinen ist. Es passiert dauernd, das gehört dazu. Wir nennen das eine *Grimasse.*«

Ich erinnere mich plötzlich an das Gesicht meines Vaters, vor vielen Jahren im Krankenhausbett. Der hatte auch so eine Grimasse geschnitten. Ich weiß noch, dass ich damals gar nicht wirklich darauf eingegangen bin. Ich dachte: Er stirbt, er möchte mir noch etwas mitteilen. Ich wusste nicht, was ich machen oder sagen sollte, ich saß einfach nur da. Es folgte kein Geständnis, es kamen auch keine Tränen. Stattdessen folgte besagte Grimasse. Das verstehe ich erst jetzt. Als ich aus dem Zimmer meines Vaters ging, war er noch nicht gestorben. Das tat er später, als ich nicht dabei war.

Die ältere Frau lacht schon wieder.

Eile

Auf einem Tisch im Flur werden dem ahnungslosen Passanten haufenweise Faltblätter und Broschüren präsentiert. Einmal, als ich mit meinem Gehgestell auf dem Weg zum Falltraining oder zum Schwimmkurs war, wurde ich von einem Spruchband überrascht, auf dem in fröhlich-festlichen Buchstaben stand, heute sei der JÄHRLICHE TAG DES SCHLAGANFALLS!!, was zur Folge hatte, dass der ganze Tisch mit deprimierenden Fotos, Faltblättern und Büchern übersät war. Aufgeregte Freiwillige suchten zu jedem Blickkontakt, der sein Schritttempo verringerte, als handle es sich um einen Marktstand, an dem sie gratis saure Gurken verteilten. Die Kaffeemaschine summte und brodelte. Das alles machte mich ganz niedergeschlagen. Ich nahm ein nützliches Buch mit Übungen mit, das ich im Bett durchblätterte. Auf einem Foto war ein munterer, älterer Mann abgebildet, der gerade damit beschäftigt war, mit einer Gartenschere eine Blüte aus einer Hortensie zu schneiden, und dabei in die Kamera strahlte, als hätte er schon sein Leben lang darauf gewartet, dieses Kunststück vollbringen zu dürfen, und jetzt war es endlich so weit – was für ein Glückspilz! Im Buch stand, man könne noch viele Fortschritte machen, vor allem in den ersten Monaten nach der Hirnblutung.

Plötzlich habe ich es unglaublich eilig.

Es fühlt sich so an, als würde ich vom einen auf den anderen Tag das Schaufenster des Luxusgeschäfts mit geschlossenen Rollläden vorfinden; im Schaufenster ein Schild mit der Aufschrift: RÄUMUNGSVERKAUF. Obwohl ich mir noch so viele schöne Dinge aussuchen wollte!

Ich will in dieses Geschäft! Ich renne wie eine Verrückte vor dem Zug her und winke mit meinem Portemonnaie. Meine Zahlungsmittel sind Einsatz, Dickköpfigkeit und Durchsetzungsvermögen – ich will noch so viel wie möglich kaufen, bevor es zu spät ist und dieses Geschäft unwiderruflich seine Türen schließt.

Mittlerweile habe ich herausgefunden, dass mein Hirnschaden seine Spuren vor allem in den Bereichen Planung, Konzentration und Gedächtnis hinterlassen hat. Ich *muss* Fortschritte machen. Und zwar genau jetzt. Ich halte Bücher in Händen, mit denen ich zu Hause angefangen hatte und die ich jetzt nicht mehr verstehe. Ich lese sie nicht, meine Augen fahren über die Buchstaben, und ich stelle mir vor, ich würde lesen. Bring den *Zauberberg* mal mit, sage ich hoffnungsvoll zu Berend. Zu Hause hatte ich bereits die Hälfte der Neuübersetzung gelesen, und zu Hause fand ich es großartig und sehr gut übersetzt. Jetzt ist es plötzlich zur Pflichtlektüre verkommen. Eine Rettungsboje in der aufgewühlten See. Und ich verstehe es einfach nicht mehr. Selbst die Zeitung verstehe ich nicht.

Ich versuche nicht nur zu lesen, ich schaue auch jeden Abend im Bett fern, ich schaue mir alles an, was fordernd sein könnte.

Ich stöbere jeden Tag in der Fernsehzeitung, die Berend

mir mitbringen musste, und schalte jede Sendung ein, die mir für mein halbtotes Hirn herausfordernd und informativ genug erscheint. Ich bleibe immer länger wach. Da bewegt sich etwas und spricht. Ich starre den Bildschirm an. Der Moderator Matthijs van Nieuwkerk gibt mir täglich Halt. Jedenfalls kommt mir das so vor. Die Themen sind irgendwo zwischen Weltall und Musik angesiedelt, die Sendung schaue ich mir jeden Abend komplett an, obwohl die Hälfte davon erst gar nicht zu mir durchdringt. Im November referiert der theoretische Physiker Professor Robbert Dijkgraaf bei Matthijs zwei Stunden lang über das Schwarze Loch. Ich werde sauer. Ich habe *immer* verstanden, was dieser Mann erklärt hat. Ein *Professor*! Ein Intellektueller! Das war ja gerade das Tolle an diesem Mann, er konnte schwierige Themen verständlich erklären. Am Telefon zeigt Berend Verständnis und sagt extra, er verstehe auch nichts davon, von diesem Schwarzen Loch, aber ich glaube ihm nicht. Ich ziehe es durch, ich schaue mir das weiter an, aber schon bald verstehe ich nur noch Bahnhof.

Nach ungefähr einer Woche fernsehen und im anspruchsvollen *Zauberberg* blättern war ich so todmüde, dass ich auf den Privatsender SBS 6 abrutschte, auf dem mir die Promis Gordon und Joling und ihre Reality-TV-Hobbys schon fast zu kompliziert waren.

Die beiden waren schön unverschämt und machten vor nichts und niemandem halt. Aber alle anderen SBS-6-Sendungen fand ich ordinär und schlichtweg gemein, und sie stimmten mich unglaublich traurig. Wie herzlos die Menschen doch sind. Ich sehe eine Reihe Promis, die ganz betroffen in die Kamera blicken, wenn eine kleinere oder größere

Tragödie thematisiert wird. Ich sehe sie, und sie widern mich zunehmend an. Ich verliere mein Gespür für Verhältnismäßigkeit. Sie helfen jemandem wieder auf die Beine, um daraus eine Sendung zusammenzuschustern, und lassen ihn danach einfach wieder fallen. Zur Hölle mit ihnen!

Am Ende rutsche ich immer weiter ab. Ich schaue ganze Abende lang SBS 6 und sehe mir dann auch wirklich alles an, was dort läuft. Zum ersten Mal in meinem Leben. Jetzt gibt es keine Zweifel mehr: Die Welt geht unter.

Carla

Sie bewohnt schon seit Monaten ein Zimmer auf der *Neuro B2,* das sie sich mit einer anderen Patientin teilt. Sie trägt Perlen im Haar und Pullis mit Lurex und Applikationen, und sie hat zwei verschiedene leuchtende Lippenstifte in ihrer Tasche. Sie lässt sich auch sorgfältig die Nägel lackieren, French Nails. Aber ihre Augen sprühen wütend Feuer; hier gibt es nichts zu lachen. Lachen gehört einfach nicht mehr zu Carlas Repertoire. Anfangs hatte ich Angst vor ihr, aber seit ich weiß, was ihr widerfahren ist, hat sich mein starrköpfiges Hirn ein bisschen entspannt, und ich habe sie nach und nach immer mehr ins Herz geschlossen.

Als ich gerade mit der Reha angefangen hatte, kam sie mit einem selbstgehäkelten Topflappen in ihrer Tasche vorbeigerollt. Ich glaube, den wollte sie mir als eine Art Willkommensgeschenk geben. Sie hatte eine Freundin dabei, und sie kamen rein, ohne zu klopfen.

Ich dachte, sie seien von der Klatschpresse. Ich war völlig durcheinander und wirklich ungenießbar, und in diesem verwirrten Zustand bildete ich mir wer weiß was ein. Das ganze Land ließ mich in Frieden, niemand belästigte mich. Und trotzdem dachte ich, man würde mich als armseligen Promi betrachten, der eine Hirnblutung gehabt hat. Ich schickte

Carla und ihre Freundin und den Topflappen weg, während ich etwas von Privatsphäre meckerte und dass das so nicht abgesprochen sei.

Für dieses Verhalten Carla gegenüber habe ich mich danach noch lange geschämt. Ich schämte mich sogar dafür, dass ich nur vorläufig im Rollstuhl saß.

Als Carla vorbeikam, um sich zu verabschieden, weinte sie. Es war das einzige Mal, dass ich sie weinen sah. Später habe ich erfahren, dass sie in der Rehabilitationsklinik keine »neuen Fähigkeiten mehr erlernen konnte«. *Austherapiert* nennen sie das. Darum geht es in einer Rehaklinik. Man darf so lange bleiben, bis man fit genug ist, um wieder nach Hause zu können, oder woandershin, wo man sich durchschlagen kann. Wenn man es irgendwie die Treppe hoch und runter schafft, sich an- und ausziehen und mit Hilfe des Pflegedienstes waschen kann, muss man sein Zimmer räumen. Dann hat man das erreicht, was man erreichen kann, dann geht das Leben einfach so weiter. Das ist eine starke Leistung, wenn man mit einem massiven Hirnschaden an diesem Punkt angekommen ist.

Aber Carla freute sich nicht. Sie hatte sich an die tägliche Routine unserer Station gewöhnt, an den Schutz der Hoffnung spendenden Therapien, an die Sicherheit eines festen Platzes im Leben. Jeder auf der Station war verrückt nach ihr, die Rehaklinik war ihr Zuhause geworden.

Der Mann, der bei dem Unfall neben Carla im Auto gesessen hatte, lag, unfähig zu sprechen oder sich zu bewegen, weit weg in einem Pflegeheim. Nach Hause würde er wohl nicht mehr kommen. Und Carla konnte sich doch nicht einfach neben ihn legen.

Schließlich landete sie in einem Altenheim, wo sie sich nie wirklich eingelebt hat. Ich habe gehört, dass sie dort kaum Kontakt zu anderen hatte. Im Topflappenclub gab es nicht viel zu bequatschen.

Für mich war Carla eine Heldin. Ich sah sie zuletzt im Fitnessbereich auf einem riesigen Dreirad in der Sommersonne sitzen, mit steinharten, angepassten Schuhen, die ihr Schmerzen verursachten, mit hängenden Mundwinkeln und einem schlaffen Arm, mit dem sie niemandem zuwinken konnte.

Ellie

Ich werde mal eine Runde Zeitung lesen. Ich lese die Zeitung nicht, ich tue nur so, also würde ich sie lesen. Ich kann nichts lesen, ich kann mich nicht konzentrieren. Aber jetzt will ich einen Moment lang wie jemand wirken, der die Zeitung liest. Die Pflegerin sagt behutsam: »Frau Bijl. Würden Sie sich beim Essen bitte konzentrieren?«

Ich sage: »Und wenn nicht? Nehmen Sie mir dann die Zeitung weg?« Anscheinend bin ich dermaßen unkonzentriert, dass ich auch noch eine krümelige Aussprache habe – was ich selbst aber nicht bemerke. Weil ich mich für all das schäme, gebe ich mich besonders fröhlich. Versuche ich, besonders witzig zu sein. So ein kleiner Scherz, der hebt doch die Stimmung.

All die hilfreichen Bemerkungen und die aufgezwungene Unterstützung sind natürlich sinnvoll, denn ich muss wieder lernen, von meinem Teller zu essen, ohne dabei alles an der Zimmerdecke zu verteilen, und ich muss meine Zähne ordentlich putzen können. Aber ich will nicht wie ein unmündiges Kind behandelt werden. Und genau das bin ich. Ich bin ein Dreckspatz, ich bin ein unmündiges Kind.

Am Waschbecken wurden an strategisch sinnvollen Stellen

Zettel und Fotos aufgehängt. Zahnbürste nehmen, ein klein bisschen Zahnpasta auf die Bürste drücken, putzen. Mein Zahnfleisch blutet. Jemand hat gesagt, ich müsse wegen der Medikamente besonders gut putzen. Für den frischen Mund. Ich glaube, mir werden die Zähne ausfallen. Das ist kein Spaß für jemanden, der zwanghaft alle drei Monate zum Parodontologen geht.

Ich darf eine Stunde lang ins Nähzimmer. Hahaha! Das Nähzimmer! Auf einem Stück Stoff mache ich mit einer dicken Nadel und einer Schnur einen Festonstich. Ich bin davon überzeugt, dass ich das ganz gut hinbekomme, aber ich bin froh, dass ich das Ergebnis erst zu sehen bekommen habe, als ich Monate später nach Hause durfte. Das Kunstwerk sieht aus, als hätte ein Schimpanse mit hochgezogenen Schultern und dicker Zunge munter herumgebastelt.

Der nette Hauspsychologe fragt mich regelmäßig, ob ich wütend sei. Wütend? Ich soll es mir vermutlich selbst eingestehen. Sonst werde ich die Wut nicht los. Das geht eben nur, wenn ich zugebe, dass ich wütend bin. Aber wenn ich wütend bin, auf wen oder was bin ich dann wütend? Und zweihundert Gramm Wut, wo kann ich die kaufen? Bei Gott? Von dem halte ich nicht so viel. Vielleicht müssen sie einen als Hirngeschädigten zwingend tiefgläubig machen, sonst kommt man nicht weiter. Wenn man ganz fest an etwas glaubt, ist man zu vielem bereit.

Der Physiotherapeut ist dafür das perfekte Beispiel. Jeden Tag steht da ein tiefgläubiger Turm aus Fleisch und zuckenden Muskeln und achtet genauestens darauf, dass niemand über die Stränge schlägt. Wenn ich *Herrgott nochmal!* ausrufe, weil ein Gewicht zu schwer ist, ruft er schnalzend mit aufgerissenen Augen: *Ja heeeey! Hooo!!* Als wäre ich ein widerspenstiges Pferd, das einen Peitschenhieb vertragen könnte. Das macht mich erst so richtig widerspenstig.

Ich würde übrigens niemals in Hörweite von Ellie fluchen, der weltbesten Ergotherapeutin, die mich täglich therapiert. Ellie ist auch gläubig, aber sie will mir nicht das Fluchen austreiben, sie will mir praktische Sachen beibringen, die mir durch den Alltag helfen. Sie geht mir nicht mit ihrer Gotteserfahrung auf den Keks, auch wenn sie die hat.

Ich habe mittlerweile Broschüren bei Ellie gelesen, Grafiken angesehen und mit nach Hause genommen, Gespräche geführt, Kurse besucht, und aus alldem muss ich schließen, dass die Zeit, in der man noch etwas dazulernen kann, endlich ist. Wie nutzt man diese endliche Zeit? Ruhig bleiben, nicht wütend aufstampfen, nicht fluchen, wie schmerzvoll es auch ist. In Ellies Nähe fluche ich nicht. Ellie ist lieb. Gott ist bei Ellie eine Hoffnung spendende Grafik in Rot und Schwarz. Ich bin bereit dazu, den grafischen Gott von Ellie anzubeten.

Es dringt langsam zu mir durch, dass meine Genesungszeit begrenzt ist. Und ich gehe es völlig falsch an. Ich will nicht akzeptieren, dass ich nicht wieder vollkommen gesund werden kann. Ich bin zwar gerade nicht ganz auf dem Damm, aber das geht vorüber, rede ich mir ein. Ich habe einfach keine Zeit für diesen Blödsinn. Ich habe nur einen nervigen Pickel. Ich akzeptiere diese Grafik nicht, ich blättere nur in der Broschüre, um einen guten Eindruck zu machen. Ich will um jeden Preis einen guten Eindruck hinterlassen.

Wir sitzen nebeneinander am Tisch. Ich könne noch jahrelang Fortschritte machen, sagt das liebe Mädchen von der Ergotherapie und zeigt mit dem Finger auf eine Seite. Schauen Sie, sagt sie, Sie haben längst nicht alles verlernt. Sie können noch eine Menge dazulernen. Dafür müssen Sie offen sein. Und um dafür offen zu sein, muss man erst akzeptieren, dass es so ist.

Eines Tages darf ich zusammen mit Berend das Kaffeemachen üben. Ellie bereitet in der Übungsküche alles vor. Berend macht mit, ich habe ihn tyrannisch darum gebeten, mitzukommen, damit er auch mal sieht, was sie hier alles mit mir anstellen. Er ist zu müde und vor allem zu hilfsbereit, und als er sieht, dass ich ihn beobachte, lässt er nervös das Tablett mit den Kaffeetassen fallen. Klirr, alles zerbricht, der Kaffee rinnt über den Boden. Die Therapeutin lacht. Ich bin mir sicher: Das war meine Schuld.

Und mein Herz zerbricht auch.

Jeden Tag gehe ich zu Ellie zur Therapie. Ich habe sie mittlerweile richtig liebgewonnen. Die guten Ratschläge und die Wohlfühlterminologie fliegen mir um die Ohren. Begriffe, die mir übel auf den Magen schlagen, aber ich bin dazu bereit, Ellie zu verschonen. Es geht mir vor allem um die Wörter ZEIT und HEILEN und WUNDEN. Energie. Rucksack. Rucksack voll, Rucksack leer. Das müssen Sie akzeptieren. Geduld. Gut zu sich selbst sein.

Gut zu sich selbst sein? Ich will nicht gut zu mir selbst sein! Ich muss arbeiten! Bald ist meine Zeit abgelaufen, und es geht mir immer noch nicht besser. Ich will einfach wieder ich sein, auch wenn ich mein Leben lang dachte, dass ich nicht gerade viel darstelle. Das steckt tief in mir drin, das habe ich irgendwann so gelernt oder von jemandem übernommen. Glaube ich jedenfalls. Am Charakter einer Person kann die Hirnblutung nichts ändern. Und auch Ellies Gott nicht. Das steckt in mir drin. Ich glaube, ich bin das selbst. Ich bin das natürlich auch selbst. Haben Sie Geduld, sagt Ellie immer wieder. Aber Geduld ist ein Wort, das ich nicht verstehe. Und selbst wenn ich es verstehe, habe ich davon viel zu wenig.

Ich denke ständig, ich würde mir nicht genug Mühe geben. Ich habe auch ständig Schmerzen, überall. Ich hebe bei den Fitnessübungen viel zu schwere Gewichte. Da machen die anderen große Augen, so schwer sind die. Aber ja, in einer Rehaklinik ist man irgendwann austherapiert. Und die Zeit, in der man therapierbar ist, ist endlich. Es bleibt ein unangenehmes Wort, *therapierbar*. Na ja, es gibt noch unangenehmere Wörter.

Später tut sich aber auch noch einiges, sagt Ellie beschwichtigend. Sie sieht sehr jung aus, ihr Gesicht spiegelt alle gefühlten Emotionen. Ein kleines, liebes, empfindsames Fohlen. Hätte ich eine solche Tochter, würde ich sie sehr lieben. Schauen Sie, sagt sie, Sie werden noch viele Fortschritte machen. Bald. Das geht dann nicht mehr so schnell, aber es kann noch jahrelang bergauf gehen, sagt sie und legt den Finger auf die Grafik. Ihre Fingerspitze wird weiß, so fest drückt sie damit auf die Seite, so sehr will sie, dass alles gut wird. Es rührt mich immer wieder, wenn ich sehe, wie engagiert sie mir gegenüber und bei allem, was sie tut, ist.

»Schauen Sie«, erklärt Ellie, »wie ein Kind müssen Sie

sich alles neu beibringen, da geht die Linie schnell hoch«, sagt Ellie, »das war der Anfang.« Schauen Sie, sagt sie. Am Anfang machen Sie die größten Fortschritte. Dann verläuft die Kurve besonders steil. Sie zeigt auf die Fortschritte. Es ist eine Treppe mit vielen Stufen. Ein paar Bilder später werden die Stufen weniger hoch, und ihre Anzahl verringert sich. Keins dieser Schaubilder betrifft mich, es sind informative Bilder in einer Broschüre, mehr nicht. Das betrifft mich gar nicht.

Ich schaue kurz nach draußen. Es ist ein schöner Sommer. Monate später höre ich, dass es einer der schönsten war.

Das Falltraining

Man konnte sich auch für ein Falltraining anmelden. Das fand einmal pro Woche am frühen Morgen statt. Träge und nur bedingt motiviert trudeln wir nach und nach ein. Eine dicke Drei-mal-drei-Meter-Matte lag schon für uns bereit. Manchmal kam ein Partner mit, der sich in eine Ecke setzte und strickte oder eine Zeitschrift las. Der nette Therapeut legt Handtücher auf die Matte. Dann macht er es uns noch ein letztes Mal vor. Und noch einmal. Letzte Woche haben wir das auch schon gemacht. Ich verstehe immer noch nicht, was ich machen muss, vor allem, weil ich es nicht verstehen will. Ich muss meinen Oberkörper im richtigen Moment drehen und dann fallen.

Und das kann ich nicht. Ich werde mich auf jeden Fall blamieren.

Das ist nichts Neues. Wenn ich früher auf einem Kindergeburtstag ein vorgegebenes Tier nachmachen sollte, habe ich so getan, als hätte ich die Aufgabe nicht verstanden. Giraffe! Giraffe!, riefen die Kinder, immer lauter, als wäre ich taub. Ich wusste natürlich, was eine Giraffe war, aber ich traute mich nicht, eine Giraffe nachzumachen. Meine Schmach wurde immer größer. Ich wollte keine Giraffe nachmachen. Ich traute mich nicht. Ich schämte mich so sehr. Am liebsten wäre ich im Boden versunken. Ich traue mich nie irgendwas.

Um den runden Geburtstag von Freunden zu feiern, wurde Jahre später zu einem Diner Dansant eingeladen. Zum Befeuern der Vorfreude bekamen alle Gäste dreimal Tanzunterricht von einem erfahrenen Tanzpaar. Ich machte einfach mal mit. Doch dadurch wurde der Schlamassel nur noch größer. Was am schlimmsten war: Vor Scham versteifte sich mein Körper so sehr, dass auch Berend keinen Fuß mehr vor den anderen setzen konnte. Seit wir verheiratet sind, haben Berend und ich uns höchstens ein paar Mal über Tanzflächen geschoben. Am Partyabend selbst kam der liebe Stanley B. mit einer selbstgebastelten Tanzkarte zu mir. Er wollte mir helfen, mir Mut machen, er war lieb und geduldig und lustig.

»Ach komm, lächle doch mal«, sagte er.

Das Schlimmste war: Ich kannte diese warme, herzliche Ausstrahlung.

Ich konnte sein Mitleid riechen.

Aber hier ist das Ganze zur Arbeit geworden, zur Rehabilitation, damit man ein klein wenig besser durchs Leben kommt. Ich will, dass sie sehen können, dass ich wirklich alles gebe.

Dann werde ich gewiss belohnt.

Wir fielen alle unterschiedlich. Bram langsam und dröhnend wie die umgestürzte Statue von Saddam Hussein. Es war fast so, als würde eine Wolke aus Wüstensand aufsteigen, wenn er auf die Matratze prallte. Ich ließ mich einfach nur ein bisschen komisch und ängstlich auf meinen Hintern plumpsen. Ich redete mir das einfach schön: Das ist schon okay bei dieser gemütlichen, dicken Übungsmatte; wenn man wirklich fällt, dann unerwartet, schnell, auf die Straße, auf den Küchenboden, knallhart auf die Fliesen oder den Asphalt, und dann bricht man sich was. Man hat doch wirklich keine Zeit, seinen Körper ordentlich zu drehen. Aber wir alle gaben hingebungsvoll unser Bestes.

Der schmächtige, kleine Teus sackt in jeder Stunde gemächlich und ernsthaft wie die Twin Towers senkrecht in sich zusammen – unerwartet leicht und fast schon elegant. Das Bild vom elften September drängte sich in jeder Kursstunde gnadenlos auf. Da fiel Teus. Jeden Moment würde sich die Wolkenrolle aus Rauch und Asche über die endlosen Flure des Erdgeschosses und der Turnhallen legen und weißgepuderte und erschütterte Rollstuhlfahrer vor sich hertreiben.

Wie auch immer, durchhalten war angesagt.

Und es wurde fleißig gefallen.

Das Aufstehen war noch härtere Arbeit, da waren sich alle einig.

Zu Beginn war ich der Meinung, wir würden zu wenig das Fallen selbst üben, aber nach sechsmaligem Fallen und dem damit verbundenen mühevollen Hochkommen oder – besser gesagt – Sich-hochziehen-Lassen war der Energielevel am Nullpunkt angelangt, und am nächsten Tag kreischten alle Muskeln vor Wut.

Auch in diesem Kurs waren nach ein paar Wochen nur noch wenige Teilnehmer übrig.

Der Kurs sollte mit einem besonderen Fall abgeschlossen werden, sozusagen mit dem Königsfall – einem Fall auf den nackten Boden. Ich erfand eine Ausrede, ich traute mich nicht. Es war so, als hätte ich meinen Schulabschluss nicht geschafft, und ich kam mir ziemlich dumm vor.

Der Therapeut sagt: Und jetzt ein bisschen drehen. Lassen Sie sich mal gehen.

Mich gehenlassen? Ich lasse mich nicht gehen! Das traue ich mich nicht, das darf ich nicht.

Wer sagt das?

ICH sage das! Schwachkopf! Ich lasse mich NIE gehen! Nie! Das habe ich nicht gelernt! Die Sachen, die ich nicht gelernt habe, haben mir mein ganzes Leben lang viel Kummer eingebracht.

Und das, obwohl ich fast siebzig Jahre alt bin. Es dauert nicht mehr lange, bis ich eine hemmungslose Seniorin bin, und dann ist mein Kummer Geschichte. Dann mache ich ohne Angst und Scham eine Giraffe nach, die mit Stanley B. tanzt.

Partner

In der Rehaklinik kann man sich für alle möglichen Kurse anmelden. Oft nehmen die Patienten ihre Partner mit zu den Kursen, das wird empfohlen. Der Partner sitzt dann am Rand und wartet auf das Ende der Stunde. Mit einem Buch, einer Strickarbeit oder einer Zeitschrift in der Hand. Mittlerweile weiß ich, was der Gedanke dahinter ist: Wenigstens mache ich etwas.

Wer eine Hirnblutung bekommt und Glück hat, hat einen guten Partner. Der hat mit einem dann alle Hände voll zu tun. Partner, so nennen sie das im Wohlfühlland. Ich finde, das Wort passt famos.

Der Job ist allerdings weniger famos. Der Job ist hart.

Ich rede mir selbst gerne ein, dass ich immer noch genau derselbe Schatz bin, der ich immer war, aber jeder, der krank ist, verändert sich. Vor allem Menschen mit einer Hirnblutung. Es hängt ein bisschen davon ab, wo genau sich der Schaden im Hirn befindet. So haben meine Quengelqualitäten, die ich schon immer hatte, rasant zugenommen. Und wenn man viel zu klagen hat, dann bekommt das der Partner ab, der am Ende nicht mehr weiß, wo er die unbekümmerte Fröhlichkeit für den Tag noch hernehmen soll. Wenn man selbst merkt, wie schwer es für den Partner ist, macht es das noch viel schlimmer. Dann denkt man: Das ist meine Schuld. Man sieht, was man anrichtet, aber man kann nicht aufhören. Man widerspricht trotzdem und stellt eine Frage nach der anderen.

Wie auch immer: Ohne Partner ist es kaum zu schaffen. Und trotzdem muss man es schaffen. Meiner ist so hingebungsvoll, dass die Pflegekräfte manchmal Probleme haben, ihn ein bisschen auf Abstand zu halten. Ich kenne auch eine Frau, die mehrmals pro Woche neben ihrem Mann sitzt, obwohl er ihr schon mehrfach blaue Flecken zugefügt hat, auf den Armen und auf der Seele. Ich sage ihr, wie beeindruckend ich sie finde. »Ich liebe ihn«, sagt sie. »Ich habe ihn früher geliebt. Warum also sollte ich ihn plötzlich nicht mehr lieben?«

Vor allem ältere Leute, die nicht mehr so viel zu tun haben, können sich viel Zeit dafür nehmen, Partner zu sein. Das machen sie auch oft. Und es kostet unglaublich viel Zeit. Ich achte sehr auf Partner, weil ich sie, selbst Patientin, aus nächster Nähe erlebe, und ich möchte diesen Menschen eigentlich den Heiligenstatus verleihen.

Mittlerweile mache ich hier nur noch die Tagestherapie – ich schlafe zu Hause, aber komme für die Kurse in die Rehaklinik. Berend kommt zwar mit, aber er setzt sich nicht in den Kursraum. Er bringt mich hierher und geht dann irgendwo einen Kaffee trinken. Ich bin froh darüber, denn ich habe das Gefühl, dass er sein ganzes Leben auf mich ausrichten muss, genau wie viele andere Männer und Frauen, denen ich hier in der Klinik begegne. Anfangs bekam ich hunderte von Karten mit Genesungswünschen zugeschickt, und auf allen, wirklich auf allen stand: *Und vor allem auch viel Kraft für deinen Mann.*

Das stand da natürlich nicht ohne Grund. Manchmal denke ich: Wie wenig habe ich mich nur immer für alles interessiert, ich habe nie einen Gedanken darauf verwendet, was eine solche Krankheit für Patient und Partner bedeutet. Beim Umziehen fürs Schwimmen sehe ich eine Frau, die nur noch einen linken Arm hat und im Rollstuhl sitzt. Ihre Kinder kommen manchmal mit ihrem Mann mit, und dann denke ich: Wie soll das um Gottes willen weitergehen? Wie soll die Frau das alles schaffen? Und ihr Mann, der muss arbeiten. Wie soll das alles ein gutes Ende nehmen? Sorgen, Sorgen.

Ein anderer Mann füllt bald sein ganzes Leben damit aus, seiner Frau beizustehen. Er ist immer da.

Zu Hause widmet er seine ganze Zeit dem Erfinden und Zusammenbauen von sinnvollen Hilfsmitteln für alles Mögliche, es gibt zum Beispiel schon ein Trainingsgerät für die Stärkung der Handmuskulatur. Das ist ein ausgeklügeltes Ding, mit dem man jeden Finger einzeln trainieren kann.

Er macht es vor. Sie muss einen Hebel mit ihrem Finger nach oben drücken, die Sehnen in ihrer Hand spannen sich beängstigend straff an, aber es bewegt sich fast nichts. Es wird lange dauern, bis sich der Hebel auch nur einen Millimeter bewegt.

Hochkonzentriert versucht die Frau es weiter. Vor lauter verbissener Konzentration ist sie tief in ihren Rollstuhl gesunken. Wenn sie kurz aufblickt, um ihren Mann anzusehen, macht sie das mit großen, brennenden, pechschwarzen Kohleaugen. Sie lacht nie. Vielleicht ist sie dazu physisch nicht mehr in der Lage. Vielleicht ist sie auch wütend, ich weiß es nicht – denn sie spricht nie.

Und ich, die ich mich immer in alles einmischen muss, denke, dass dieser Mann für all seine Bemühungen zu wenig gelobt und gepriesen wird. Ich muss ihm Komplimente machen! Die Frau ist gerade zu frustriert und zu verbissen, um das zu tun, aber ich finde, dass hier dringend jemand eingreifen sollte.

Ich gehe zu ihm und preise jauchzend seine Erfindungen. Wie sind Sie nur darauf gekommen? Darf ich nochmal sehen? Darf ich es mal ausprobieren? Es wirkt verflixt nochmal, als wäre er nicht ganz richtig im Kopf.

Ich meine es gut, aber ich mache es nicht gut. Ich benehme mich so, als wäre er ein Kleinkind. Und wer bin ich überhaupt? Eine Frau mit einer Hirnblutung, die denkt, sie funktioniere noch ziemlich gut und könne einen sinnvollen Beitrag leisten.

Ihr Mann sitzt mit einem Buch auf dem Trampolinrand. Er wartet darauf, dass sie fertig ist. Danach hilft er ihr beim nächsten Programmpunkt. Sie kann aufstehen und sich hinsetzen, dafür braucht sie ihn gerade nicht. Bald vielleicht auch gar nicht mehr. Dann hilft der Mann der Frau mit den Kohleaugen mit der Toilette, dem Duschen, ins Bett und aus dem Bett. Jetzt macht sie sich an einem der anderen Trainingsgeräte zu schaffen. Auf dem Hallenboden steht noch ein Lenkrad, an dem sie drehen kann. Denn wenn es nach ihm geht, wird sie eines Tages wieder Auto fahren. Oder wenn es nach ihr geht. Woher soll ich das wissen? Ist das ihr Traum? Oder seiner?

Später begegne ich ihnen nochmal auf dem Flur. Er schiebt ihren Rollstuhl vor sich her, und sie hat den Fingertrainer in der Hand. Das Lenkrad hat sie nicht dabei. Hätte sie es dabeigehabt, hätte ich ganz bestimmt mit meinem unglaublich lustigen Hang zum Hupen über die Stränge geschlagen.

Unsinn

Eine Ehrenamtliche kommt auf mich zu, während ich mit meinem Gehgestell auf dem Weg zur Therapie bin. Sie schiebt einen Rollstuhl mit einer Frau mittleren Alters vor sich her, die augenscheinlich einen Schlaganfall gehabt hat und nicht sprechen kann. Das übernimmt die Ehrenamtliche für sie, gar kein Problem, dafür hat man Ehrenamtliche schließlich.

»Ich möchte Ihnen sagen, dass Sie sehr viel Gutes getan haben«, sagt sie. »Wussten Sie, dass es vielen Menschen Kraft gibt, dass Sie hier sind? Die Leute denken: Wenn sie eine Hirnblutung bekommen kann, dann kann es wirklich jeden treffen. So abwegig ist das nämlich gar nicht. Das gibt all den Menschen Kraft. Dieser Frau hier auch. Nicht wahr? Das gibt uns allen sehr viel Kraft.«

Für eine Antwort muss ich sehr gründlich in meinem Unsinns-Vorrat kramen.

»Gern geschehen«, sage ich.

Schwimmkurs

Als ich mit der Reha anfing, erhielt ich vom ehemaligen Leiter des Hallenbads in Diemen einen einfühlsamen Brief. Wenn ich Lust hätte, könnte ich in seinem Bad schwimmen und rekonvaleszieren. Das Schwimmbad sei bestens ausgestattet. Er sei mittlerweile zwar nicht mehr der Leiter, aber er könne sich noch sehr gut an mich erinnern: die Prominente von der Kampagne »To soll schwimmen«, für die ich vor Jahren einen kleinen Moderationsbeitrag geleistet hatte. Ich muss sofort weinen. Wen wunderts.

»To soll schwimmen« hieß die Kampagne. To war das Gesicht der Kampagne. Eigentlich war To der erste Star unter den »Mongölchen«. Wenn ich mich richtig erinnere, benutzte das Wort »Down-Syndrom« damals in den sechziger Jahren noch niemand. To war großartig und lustig, aber sie war auch unglaublich verwöhnt. Sie konnte unausstehlich werden, wenn sie ihren Willen nicht bekam. Dann setzte sie die allerböseste Miene auf. Wenn bei To Hochmut und Widerwille mal wieder überhandnahmen, musste man sie arglos ein bisschen triezen. To war auf dem Plakat mit undurchdringlichem Gesicht und einer qualmenden Zigarette zwischen den Fingern abgebildet, wie ein alter, runzliger Filmstar. Damals hatte das einfach Klasse, und niemand hatte etwas dagegen. Wir vom Komitee tauften die Kampagne sofort in »To soll rauchen« um.

Der Brief kam unerwartet, und das Erste, was ich dachte, war: To lebt wahrscheinlich nicht mehr. To war bei weitem der älteste Mensch mit Trisomie 21, den ich kannte. Damals. Ich würde lügen, wenn ich behaupten würde, sie sei ein sanftmütiges Schätzchen gewesen.

Ich ging nicht zum Schwimmen nach Diemen, denn meine Rehaklinik hatte auch ein Schwimmbad. Da durfte ich immer mal rein, wenn es etwas ruhiger war. Ich empfand das als besonderes Privileg. Es durften immer nur ein paar Patienten mit, und man hatte richtig Glück, wenn man dazugehörte.

Im Rollstuhl-Lift sitzt manchmal ein herzerwärmender Junge, der glücklich gluckst, wenn er das warme Wasser spürt, was wiederum die vier Therapeuten, die ihn langsam hinunterlassen, genauso glücklich macht. Mich macht er auch ganz glücklich. Was für eine positive und optimistische Ausstrahlung dieser Junge doch hat. Wenn er lacht, überstrahlt er das Sonnenlicht, das durch die großen Fenster hineinscheint.

Allerdings ändert sich meine Stimmung ständig. Das gehört wohl dazu.

Im Wasser stehend erklärt eine junge Therapeutin einem Mädchen, wo sich ihr Hirnschaden genau befindet und warum etwas an oder in ihr nicht richtig funktioniert. Das Mädchen hört aufmerksam zu und nickt. Ich weiß nicht, ob das alles überhaupt zu ihr durchdringt. Ich kann nicht sagen, woran es liegt, aber innerlich werde ich wütend. Halt die Klappe! Willst du ihr keinen Funken Hoffnung lassen?

»Was haltet ihr von Musik?«, fragt die junge Therapeutin jetzt aufgeweckt. Wir sind heute alle aufgeweckter als sonst, vielleicht weil der wunderbare Junge im Rollstuhl-Lift in der Nähe ist. Parallel zu ihrer Frage knallt die Musik schon übers Wasser. Es ist Musik, die mich sofort steinalt macht. Viel zu laut. Das macht mich wahnsinnig. Hier sind kranke Leute, rufe ich. Kranke Leute!

»Soll ich sie ausmachen?«, fragt die junge Therapeutin und stellt die Musik ganz leise. Wie ätzend ich mich benehme, genau wie To, wenn sie ihren Willen nicht bekommen hat. Ich würde gerne auf der Stelle im Erdboden versinken, so sehr schäme ich mich für mein unbeherrschtes Verhalten.

Nach dem Schwimmen muss man sich schnell umziehen, damit man sich aus dem Staub machen kann, bevor die Kinder kommen. Auf dem Flur stehen die kleinen Rollstühle schon bereit. Der Boden zeigt eine Autobahn, schwarz aufgemalter Asphalt mit einem Mittelstreifen und einer Rennstreckenkurve.

Vor dem Schwimmunterricht ziehen sich die Kinder singend in der Umkleide um. Sie zwitschern wie Vögelchen. Sie sollen ihre Privatsphäre haben, also gehe ich schnell zum Treffpunkt mit Berend: zum Parkplatz. Dort steht ein kleiner Junge mit seinen jungen Eltern zwischen den parkenden Autos. Er hat ein molliges Gesicht und so große, durchschimmernde Altmänner-Ohren. Der Junge hat seine Krücken dabei. An einem Bein trägt er eine Prothese.

Mir wird klar, dass er den Stumpf belasten muss und dass das schmerzhaft sein wird. Ich kann nicht länger hinsehen. Bevor er den ersten Schritt macht, murrt er schon, weil er weiß, was ihn erwartet. Seinen Eltern sieht man an, dass sie es auch wissen und dass sie versuchen, es zu verbergen.

Sie scherzen miteinander. Sie lachen und spornen den Jungen an. Sie stehen ein kleines Stück entfernt und strecken ihre Arme aus. Komm zu Papppa, komm zu Mammma.

Auf dem Rückweg weinen Berend und ich leise im Auto.

Wer hoch steigt

2015 stieg ich an einem Novembertag mit Berend und einer enthusiastischen Therapeutin vor unserem Haus aus dem Auto. Wir wollten zusammen überlegen, wo sich im Haus die besten Stellen für Haltegriffe befinden. Es war absehbar, dass mein Aufenthalt in der Rehaklinik bald zu Ende gehen würde.

Ein Ausflug, auf den sich Berend lange gefreut hatte: Endlich würde ich sehen, in welch tadellosem Zustand sich der Garten befand. Der Garten ist meine große Liebe, und Berend hatte zusammen mit unseren befreundeten Gärtnern viel Arbeit hineingesteckt.

»Da wären wir, Liebling!«, sagte Berend. Er parkte das Auto auf dem weißen Kies und öffnete mir schwungvoll die Autotür. War das mein Haus? Wohl kaum. Ich steige einfach mal aus. Da steht eine komische Hecke, und da wächst merkwürdiger Efeu an wahllosen Stellen an einem Haus empor, das ich nicht kenne. Der ganze Ort existiert gar nicht. Ich erkannte nichts wieder.

Aber wir wollen diesen feierlichen Tag doch nicht verderben? Ich sagte also nichts, ich verschwieg, dass ich den Efeu nicht kannte, den Eingangsbereich nicht, und auch die Küche nicht. Und weiter als bis zur Küche kam ich erst gar nicht.

Wir gehen mit der Therapeutin ins Haus. »Schön, oder?«, sagt Berend glücklich. »Gefällt es dir? Wir haben alles gut gepflegt.« Auf der Stelle verwandle ich meine Angst und den Schock in Begeisterung. Die Therapeutin lacht, auch sie ist zufrieden.

Ich setze mich in die Küche. Ich sitze weit oben auf einem Berg aus Möbeln und Fliesen. Auf diesem Berg steht mein Stuhl. Wie ich da hinaufgestiegen bin, weiß ich nicht, aber plötzlich sitze ich dort wie eine Fürstin und lasse meinen Blick über meine nichtexistente Domäne schweifen. Im Flur höre ich jemanden husten. Ich stehe neugierig auf und stürze sofort. Ich merke erst, dass ich gefallen bin, als ich auf dem Boden liege, so schnell ging das. Ich saß einfach auf einem normalen Küchenstuhl, erzählen sie mir später.

Ich falle, und es tut nicht mal weh. In Slow Motion sehe ich meinen Kopf zurückprallen, aber es ist nichts zurückgeprallt. Ich bin einfach nur gefallen. Es gab keinen Möbelberg und keine Steine in der Küche. Und das war gar nicht mein Haus.

Berend ist besorgt, weil ich gefallen bin, aber ich bleibe ruhig. Ich will niemandem Umstände machen, vor allem nicht jemandem, den ich liebe. Genau in solchen Momenten werde ich ganz ruhig. Ich finde die richtigen Worte. Ich bin Weltmeisterin im Beruhigen.

Alles gut. Ich habe keine Schmerzen. Ich habe auch wirklich keine Schmerzen, ich schäme mich nur sehr. Das ist doch ein großer Tag, der Tag, an dem man wieder kurz nach Hause darf! Dafür haben sie doch extra so hart gearbeitet und den Pflanzen so aufopferungsvoll Wasser gegeben und den Efeu geschnitten! Alle hatten sich auf den Moment gefreut, in dem ich das Ergebnis sehen würde. Ich glaube, ich würde den ganzen Tag verderben, wenn ich erzählen würde, dass ich das Haus nicht wiedererkannt habe, also halte ich meinen Mund.

Wir fahren zu dritt zurück zur Rehaklinik, wo ich mich aufs Bett lege. Die Weltmeisterin wird von allen Seiten begutachtet und abgetastet. Sie drücken an meinen Beinen herum. Wir alle glauben, dass nichts gebrochen ist.

Aber sie wollen lieber sichergehen. Es soll ein Röntgenbild von der Hüfte gemacht werden. Wir warten fast zwei Stunden lang auf den Krankenwagen, und es ist schon lange dunkel, als wir losfahren. Berend soll im Krankenwagen mit zum Antonius-Krankenhaus fahren, dort gebe es ein Röntgengerät, und dort könne man auch operieren, falls das nötig sein sollte. Na ja, vielleicht sei auch alles in Ordnung, dann könnte ich sofort wieder zurück. Man beratschlagte sich eifrig.

Im Dunkeln kam der Krankenwagen mit mir am Antonius an. Meine Hüfte war tatsächlich gebrochen, zeigte die Aufnahme, aber der Bruch schien nicht sehr kompliziert zu sein. Inzwischen war es spät geworden. Ich muss bleiben. Morgen werde ich operiert, morgen ist ein neuer Tag.

Jetzt liege ich in einem Bett im Antonius-Krankenhaus, und Berend sitzt im Taxi auf dem Weg nach Hause. Es ist weit nach Mitternacht, er kann nicht mehr geradeaus schauen.

»Heute Abend ist in Paris etwas Schreckliches passiert«, sagt der Taxifahrer zu Berend.

Mir stand im Krankenhaus eine lange Nacht bevor, also schaute ich einfach stumpf ein bisschen fern. Ich sah die Anschläge in Paris. Sirenen, Tragen, Panik. Bestimmt würde die Welt untergehen, bestimmt war ein Atomkrieg ausgebrochen. Die Welt fand in ihrem allerletzten Krieg ihr Ende. Ich konnte es sogar sehen, es kam in den Nachrichten. Ich verstand gar nichts mehr. Niemand kam in mein Zimmer. Ich dachte: Sie sind alle fort.

Noch nie in meinem Leben hatte ich eine solche Angst.

Delir à deux

Nach meiner Hüftoperation hatte ich zum ersten Mal in meinem Leben ein Delir. Was hattest du?

Ein De-li-hir!

Ich war in meinem verwirrten Zustand unglücklich gefallen, und in meiner Hüfte befand sich ein Riss, und dieser Riss musste behoben werden. Die Operation haben sie ordentlich und tadellos im großen Antonius-Krankenhaus durchgeführt. Und danach hatte ich mich ungefragt in eine unausstehliche Delir-Patientin verwandelt.

Ich war anwesend, aber irgendwie auch nicht. Mit einem Fernseher über meinem Kopf, der lautstark davon berichtete, was sich in der Welt zutrug. Ich versuchte meinem Delirium zu entkommen, während sich in Paris die Maschinengewehre bei tausenden Wiederholungen der schrecklichen Anschläge entleerten.

Ich war schwer beschäftigt. Ich fauchte, ich setzte mich auf, gab fehlerlos und mit glasklarer Stimme Beleidigungen von mir, ich war bärenstark, viel stärker, als ich in dem Moment eigentlich war oder sein konnte, erzählte mir Berend später. Sie hatten ihn angerufen, damit er eine Nacht in einem Bett neben meinem verbrachte, weil ich andauernd wütend versuchte, aus dem Bett zu klettern, und die Krankenschwestern mich kaum in Schach halten konnten.

Nach dieser Nacht wollten sie mich im Krankenhaus behalten. Doch wenn man sich von einer Hirnblutung erholen soll, muss man in einer speziellen Rehaklinik sein. Berend hat so lange gebettelt und gepoltert, bis ich wieder zurück in meine Klinik durfte. Für die Hüfte könnten sie dort sicherlich auch gut sorgen, die würde schon wieder.

Mein Zimmer hatten sie extra frei gehalten, ich konnte also wieder in mein vertrautes Bett in dem Zimmer, das mittlerweile ein bisschen zu meinem Zimmer geworden war. Ein Krankenwagen brachte mich zurück.

Endlich konnte Berend nach Hause, um wirklich zu schlafen. Doch in meinem alten Zimmer in der Rehaklinik war ich anscheinend auch nicht umgänglicher. Berend musste versprechen, in meinem Zimmer zu schlafen, um mich ruhig zu halten. Sie waren schon dabei, ein Bett für ihn aufzustellen.

Er zog bei mir ein. Es war ziemlich anstrengend für ihn. Ich bin müde, sagte er zur Pflegerin, die ihn aufs Zimmer brachte, wo ich ihn schon zornig erwartete.

Ich weiß davon nichts mehr. Ich weiß zum Glück auch nicht mehr genau, was ich zu Berend gesagt habe, als er im Bett neben mir lag, das sich um ihn wand und ihn festhielt wie ein Monster aus *Harry Potter*. Aber ich muss ihn aufs Übelste beschimpft haben. Drei Tage lang. Ich sehe sein kreidebleiches Milchgesicht noch vor mir. Das schon, man vergisst leider nicht alles. Aber ziemlich viel. Am Ende waren wir beide so erschöpft, dass wir eine ganze Nacht lang in einen traumlosen

Schlaf gesunken sind. Wir fielen in ein tiefes Loch, schliefen uns vollkommen leer, und dann war es vorbei.

Den Begriff »délire à deux« hatte ich schon mal irgendwo gehört. Aber romantisch war es ganz und gar nicht. Stattdessen war es äußerst unangenehm. Mein sanftmütiger Freund Yan kam völlig verschreckt nach Hause, nachdem er eine Stunde an meinem Bett gesessen hatte, und sagte zu Winnie: »Tja, Schatz, um die Stimme von Martine, da musst du dir wirklich keine Sorgen machen. Reden kann sie noch, klar und deutlich.« Und dann brach er erneut in Tränen aus.

Ich hatte meinem Freund, der auch nicht wusste, was ein Delir war, eine verletzende verbale Schimpftirade in korrektem und erfindungsreichem Niederländisch zuteilwerden lassen, und das war überhaupt nicht gut angekommen.

Wo nahm ich das alles her? Und warum sollte ich sowas machen? Ein freundlicher Pfleger hat meinen Freund schließlich zur Seite genommen und ihm ruhig und ausführlich erklärt, was ein Delir ist. Dieser Mann verdient einen Orden.

Ich hatte noch nie von einem Delir gehört, ich wusste nicht einmal von seiner Existenz. Ja, wenn man zu viel trinkt, dann ist man im Delirium. Dann sieht man rosa Elefanten oder sowas. Damit kenne ich mich nicht aus. Aber na ja, über Hirnblutungen wusste ich auch nichts, und trotzdem habe ich eine bekommen.

Soviel ich weiß, ist ein Delir etwas anderes als eine normale Halluzination, ein Angsttraum oder ein Wahn. Ich habe das mittlerweile alles schon mitgemacht, und das hier war etwas anderes. Auch unvergesslicher. Aber vielleicht gibt es auch verschiedene Delir-Stärken und -Stufen. Ich habe später im Internet etwas darüber gelesen. Das hätte ich auch besser bleibenlassen sollen.

Denn man fängt doch an, an sich selbst zu zweifeln. Was man gesagt hat, kommt einem, über welche Umwege auch immer, doch wieder zu Ohren. Und das ist dann besorgniserregend und lässt einen zweifeln, und man kann sich noch weniger ausstehen als sowieso schon. *Wenn ich all das gesagt habe, dann habe ich mir auch all das ausgedacht.* Aus welchem kochenden, brodelnden Giftkessel kommen solche Dinge zum Vorschein?

Ich weiß es nicht, und ich bin froh, dass ich es nicht weiß. Und ich will es auch gar nicht wissen. Yan will es auch nicht wissen. Berend kann sich noch an alles erinnern, aber er erzählt mir nichts. Ich rede mir ein, E.T. sei an allem schuld. So bringt mir E.T. wenigstens einen klitzekleinen Vorteil. Aber die Zweifel bleiben.

Glücklicherweise haben wir später alle zusammen bei mir im Zimmer ein humorvolles Gespräch darüber geführt, danach hatten wir das Ärgste (fast?) vollständig aus der Welt geschafft. Lachend wurde ich zitiert. Ich schämte mich in Grund und Boden. Schämen, das kann ich am allerbesten. Im Fach »Mich schämen« könnte ich promovieren.

Später bitte ich auch noch die halbe Belegschaft wegen meines Verhaltens und wegen allem, was ich gesagt habe, um Entschuldigung. Auch den Mann, der die Toiletten putzt. Auch die Nachtschwester, der ich fest in die Brust gekniffen habe, woraufhin sie mit der strengsten Stimme meines Vaters: Marrrrrtine! schnauzte. Das muss nämlich ganz schön schmerzhaft gewesen sein.

Nur der Nachtpfleger tut so, als sei er taub, als ich mich entschuldigen will. Dabei bin ich mir sicher, dass er in dem Zeitraum in meinem Zimmer war. »Nee, ich habe nichts mitbekommen. Was haben Sie denn gesagt?«

Dann muss es wohl unaussprechlich gewesen sein.

Ich würde ihn am liebsten in den Boden stampfen. Ich will, dass er sagt, dass es ihm nichts macht, dass er nicht sauer ist. So macht er alles nur noch schlimmer.

Während meines Aufenthalts wird kaum noch darüber geredet. Nur Yan und Berend haben es aus allernächster Nähe mitbekommen, und zwischendurch ein Teil des Pflegepersonals, der das Pech hatte, in meiner Nähe zu sein.

Bis auf den Nachtpfleger nimmt jeder großzügig meine Entschuldigung an.

Minion

Jeden Abend liege ich im Bett und schaue fern, sofern das hypermoderne Designer-Gerät über meinem Bett nicht den Anschein macht, als würde es im nächsten Moment in Flammen aufgehen. Nachdem ich die Angst vor dem Wahn besiegt hatte (»verschwinde, Wahn!«), griff ich nach der Fernbedienung, um sie daraufhin sofort fallen zu lassen. Ich tastete auf dem Boden nach ihr, aber fand sie nicht. Ich musste sie haben, ich wollte fernsehen, aber ich kam nicht ran. Der Gedanke, nicht fernsehen zu können, war unerträglich. Bald verstehe ich gar nichts mehr, dachte ich, dann ist es zu spät. Ich muss die Fernbedienung finden. Sie lag zwischen dem Bett und der Wand, und da kam ich nicht ran. Es war niemand in meinem Zimmer, und ich traute mich nicht, die Klingel zu drücken. Ich wusste nicht einmal, wo die sich befand.

Ich glitt vorsichtig aus dem Bett und kniete schließlich auf dem Boden, auf dem kalten Linoleum, das bis zur Fußleiste reichte. Ich reckte und streckte mich, ich sah die Fernbedienung vor der Wand liegen. Auf die Idee, dass ich von meinem Bett aus an der Schnur hätte ziehen können, kam ich nicht. Am Ende lag ich halb unterm Bett, flach auf dem Bauch, im Staub. Ich weiß noch, wie ich dachte: Verdammt und zugenäht, warum ist das hier so staubig? Dort zwischen den Wollmäusen lag das verfluchte Ding. Ich kam nicht ran. Aber ich konnte mich auch nicht zurückbewegen.

Ich dachte: Was für ein Quatsch. Ich stehe einfach wieder auf. Ich weiß, wie das geht. Man stellt seine Füße auf den Boden, und dann drückt man sich ein bisschen ab, und schon steht man wieder.

Aber ich hatte keinen blassen Schimmer mehr, wie das funktionierte, dieses Aufstehen. Mein Körper hatte es auch vergessen.

Zum ersten Mal drang die vage Erkenntnis zu mir durch, dass etwas Unumkehrbares geschehen war. Gestern noch war ich eine fröhliche Frau gewesen, für die es ein Klacks gewesen war, den ganzen Tag auf den Knien in der Erde zu wühlen, geschmeidig aufzustehen und den Beifall für ihren prachtvollen Garten entgegenzunehmen, für ihr jugendliches Auftreten und für die spaßige Moderation von *Heel Holland bakt,* für die sie so viele Komplimente bekam. Diese Frau war plötzlich verschwunden, die hatte ihre Siebensachen gepackt und war abgereist. Es war ein kurzer Moment der Erkenntnis, der wie ein Leuchtturmlichtkegel kurz aufblitzte. Dann war er wieder vorbei.

Später konnte ich das noch lange meisterlich vor mir selbst leugnen, aber für den Moment lag ich vollkommen unerwartet fassungslos im Staub.

Ich konnte mich nicht am Bett hochziehen, was ich eigentlich eingeplant hatte. Ich zog stattdessen die Tagesdecke vom Bett. Meine Nägel rissen ein. Meine Knie taten weh. Wie ein Krebs krabbelte ich über das Linoleum. Ich war mir sicher, dass niemand mehr kommen würde. Wie sollte ich jemals wieder ins Bett kommen? Alles an mir begann vor Erschöpfung zu zittern.

Ich blieb sitzen und wartete. Bald würde bestimmt der Pfleger kommen, und der würde ganz schön sauer sein. Ich war davon überzeugt, dass der Nachtpfleger mich nicht ausstehen konnte. Wahrscheinlich war das Quatsch. Der Nachtpfleger macht den Nachtdienst, der tut mir nichts. Ich aber hatte das Gefühl, dass er mich nicht mochte. Wenn ich ihn sah, verhielt ich mich ihm gegenüber vor Schreck ganz merkwürdig. Ein Teufelskreis.

Doch zum Glück kam Schwester Elisabeth auf ihrem Kontrollrundgang vorbei. Ich war froh, dass sie es war. Sie erkannte die Situation und fand schief lächelnd genau die richtigen Worte: »Na? Wo sollte die Reise hingehen?« Dann steckte sie entschlossen ihre Arme unter meine Achseln, hob mich hoch, als würde ich weniger als eine Feder wiegen, setzte mich aufs Bett und holte die Fernbedienung unterm Bett hervor. »Pfui Teufel, wo kommt denn der ganze Staub her?«, sagte sie. »Viel Spaß beim Fernsehen. Aber keinen Unsinn mehr anstellen, okay?«

Das Pflegepersonal war sich einig: Es wurde Zeit für eine Kamera. Ich durfte meine frisch operierte Hüfte unter keinen Umständen belasten, und sie konnten sich nicht den ganzen Tag neben mich ins Bett legen. Und so ein Gefängnisgitter fürs Bett wollten sie mir auch nicht antun, denn darauf hatte ich anscheinend mehrmals panisch reagiert. Also mit dem Gitter lieber noch warten, eine Kamera konnte mich bestens im Auge behalten. Sie baten mich höflich um mein Einverständnis, denn offenbar darf man Leute nicht ungefragt mit einer Kamera überwachen. Ich unterschrieb. Ich unterschreibe alles. Ich war sogar froh über die Überwachung. Ich würde am liebsten in einem kleinen, weißen, leeren Zimmer wohnen, wo ich absolut nichts falsch machen kann. Ich hatte sowieso schon E.T. im Kopf, es sprach also nichts gegen einen Spion auf dem Nachttisch. Nur her damit.

Und so zog ein reizender einäugiger Roboter bei mir ein, der aussah wie ein Minion aus den Animationsfilmen, klickend und rotierend auf seinem runden Untergestell, das ihm eine drollige Ausstrahlung verlieh. Hurra! *Ich einfach unverbesserlich* war von Anfang an rührend.

Der Minion mochte mich. Wenn ich mich bewegte, suchte er mich mit seinem Kullerauge. Ich freute mich über seine Gesellschaft zwischen all den hinterlistigen Lichtschaltern und den lästigen Kerlen auf der Leiter.

Klick klick. Bzzzz. Wo ist sie? Was macht sie?

Der Minion ist allzeit bereit!

Kurze Zeit später erschien dann die Nachtschwester oder der Pfleger.

Ich hatte in dieser boshaften Welt einen neuen Freund gefunden.

Krieg

Im Behandlungszimmer der Therapeutin mache ich eine Übung für die Augen-Hand-Koordination. Die *Augen-Hand-Koordination!* Schon allein das Wort macht mich vor lauter Geltungsdrang verrückt. Solche Übungen mache ich öfter, es gibt sie in unendlich vielen Variationen. Für diese braucht man zwei Bälle. Ganz einfach. Wand/Hand und Hand/Wand. Sie dürfen zwischendurch aufprallen. Es ist das Allereinfachste, was man machen kann. Aber ich kann es nicht. Nicht einmal, wenn die Bälle zweimal aufprallen dürfen. Nach unzähligen missglückten Versuchen hören wir auf.

»Macht nichts«, sagt die Therapeutin. »Nächste Woche versuchen wir es nochmal. Und zu Hause nicht allein weitermachen, damit machen Sie sich verrückt. Das erlaube ich nicht, ich verbiete es Ihnen. Irgendwann wird es klappen, nächste Woche, oder in der Woche danach. Es ist wirklich nicht wichtig. Sie versuchen es ausschließlich hier. Und nur, wenn Sie Lust dazu haben. Es muss Ihnen Spaß machen.«

Nun ja.

Ich habe solche Bälle zu Hause. Die habe ich irgendwann mal mit nach Hause genommen. Kaum bin ich zu Hause, hole ich die unschuldigen Übungsbälle hervor, die bis jetzt keinerlei Bedeutung für mich hatten. Ich stelle mich in den Flur und werfe die beiden Bälle gegen die Wand. Berend ist nicht zu Hause. Ich hoffe, er kommt auch nicht so schnell zurück. Ich mache weiter. Ich darf das nicht. Ich werde daran zugrunde gehen. Aber ich muss. Ich ertrinke. Ich öffne meinen Mund und atme das Wasser ein. Nach einer halben Stunde bin ich ungefähr hundertmal ertrunken. Aber ich mache noch eine Stunde lang weiter. Bis ich fast an meinem eigenen Schweiß ersticke. Ich gehe völlig erschöpft und verwirrt ins Bett. E. T. ist wütend.

Am nächsten Tag übe ich nicht. Zwei Tage später allerdings schon wieder.

Berend ist nicht zu Hause. Ich schnappe mir die Bälle und mache mich ans Werk. Es ist lebenswichtig, dass ich es schaffe. In meinem unsagbaren Universum bekommt man nichts geschenkt. Ich weiß, was die Therapeutin gesagt hat, aber ich kann nicht aufhören. Mein Kopf zischt, mein staubtrockener Mund keucht, meine Kehle ist ein lederner Lappen. Ich muss aufhören, ich kann kaum noch atmen.

E.T. hebt seinen Kopf und schaut gespannt durch meine Augen zu. Aber ich darf nicht aufhören, bevor ich die Übung zweimal richtig ausgeführt habe. Wer sagt das? Ich sage das. Es dauert eine Viertelstunde, bis ich endlich zweimal einen Ball mit der einen Hand geworfen und mit der anderen aus der Luft gefangen habe.

So. Gewonnen!

»Okay«, sagt E. T. »Krieg.«

Er wartet nicht lange mit seiner Attacke, dieser hinterhältige Drecksack. In der Zwischenzeit bin ich stolz und zufrieden und optimistisch. Ich habe gewonnen. Ich schmiede Pläne, ich räume das Durcheinander auf, ich koche mir wahrhaftig

Essen, ich bin auf dem Weg der Besserung. Müde und zufrieden schlafe ich ein. Ich schlafe gut. Alles wird gut.

Doch später im Supermarkt denke ich, die anderen Kunden würden mich anstarren und denken: Oje. Man kann es ihr ansehen. Es ist meine eigene Schuld, ich schleife mich selbst seit Jahren mit. Auch meine grundlose Angst und die Scham. Mein Perfektionistinnenherz sorgt dafür, dass ich vom einen ins nächste Loch falle.

Ich muss es wirklich nochmal ausprobieren. Es muss mir dreimal gelingen, nur dreimal. Mehr verlange ich gar nicht. Wenn es mir dreimal gelingt, wird alles wieder gut.

Zwei Tage später, als Berend einen Termin hat, ergreife ich die Chance. Ich kann so lange üben, wie ich will. Ich übe und übe und übe, ich kann nicht aufhören. Doch das ist egal, solange es nur klappt. Ich ertrinke in meiner eigenen unaufhaltsamen Angst und Ambition, bis ich wieder fast ersticke. Ich habe keinen blassen Schimmer, was ich da gerade mache. Ich muss es nochmal versuchen. E.T. kreischt vor Wut. Es geht schief, ich spüre, wie schief es geht. Und trotzdem kann ich nicht aufhören. Ich bin nicht ganz bei Sinnen.

Ich falle erschöpft und verwirrt ins Bett.

Am nächsten Morgen donnern aus der Ferne die Geschütze. Berend öffnet neben mir seine Augen einen Spalt breit, um die Lage bei der Frau, die er liebt, abzuschätzen.

Eine schwarze Aschewolke sinkt auf mich herab.

Ich kann nichts.

Reize

Nach einer Hirnblutung ist alles doppelt so schlimm. Auch die eigenen Anomalien. Ich möchte mit Leuten, die mich freundlich ansehen, in einem normalen Tempo sprechen. Sie dürfen aber auch nicht zu freundlich schauen, das macht mich dann wieder traurig. Es gibt kein Richtig, nur ein Falsch.

Ich schlage mich mit dem Supermarkt herum. Es ist ein großer Laden, in dem ich nach der Hirnblutung noch nicht gewesen bin. Ich atme schwer ein, während ich vor dem Regal mit Mundwasser und Zahnpasta stehe, nachdem ich bestimmt sieben Leute gefragt habe, ob sie vielleicht wüssten, wo die Zahnpasta steht. Ich traue mich nicht zu fragen: Können Sie mir bei der Auswahl helfen, denn ich habe einen Hirnschaden, und das kann man mir nicht ansehen. »Sie sehen es auch nicht«, sagte eine Freundin von mir vor kurzem. »Und selbst wenn sie es sehen, achten sie nicht weiter darauf. Die Menschen achten nur auf sich selbst.«

In meinem tiefsten Innern glaube ich, dass man es mir sehr wohl ansehen kann, und das macht mich wiederum verdammt unsicher. Ich habe keine Ahnung, was ich als Nächstes machen muss. Ich bin total durcheinander. Der Bereich im Gehirn, der für das Treffen von Entscheidungen verantwortlich ist, ist beschädigt. Vielleicht war er das aber auch schon immer. Das Planen klappt auch nicht. Die Wörter blitzen immer wieder in meinem Kopf auf. Nach einer schamvollen Ewigkeit des Suchens und Nehmens und Zurückstellens und nachdem ich alles vollends durcheinandergebracht habe, halte ich eine Tube Zahnpasta einer mir völlig unbekannten Marke in der Hand, die ich absolut nicht haben will. Ist mir jetzt aber auch egal. Selbst wenn das Zeug mein Gebiss zu Staub zerfallen lässt, ich muss hier raus. Ich nehme, was ich in der Hand halte. Von einem Tag auf den anderen bin ich zum lästigen, alten Weib mutiert, das alles aufhält.

Jetzt stehe ich schon eine Zeit lang an der Kasse. Ich habe das Gefühl, alle warten Füße scharrend nur auf mich. In langen Reihen stehen die Kunden mit voll bepackten schweren Körben hinter mir. Ich fange plötzlich an zu stottern, und alles dauert noch länger.

Um mich herum wittere ich Irritation und Mitleid. Na ja, ich glaube jedenfalls, dass ich irritierend und mitleiderregend wirke. Ich weiß mittlerweile nur zu gut, dass ich ein sehr ausgeprägtes Vorstellungsvermögen habe. Ja, davon kann ich ein Lied singen. Irritation und Mitleid, eine tödliche Kombination für mein sowieso schon kaum vorhandenes Selbstvertrauen. Ich schiebe die Tube in Richtung Kassiererin, sie sieht mich mit leerem Blick an. Gott sei Dank, das Mädchen sieht mich mit leerem Blick an. Das ist es, was Kassiererinnen machen. So soll es sein. Die Kunden freundlich und mit leerem Blick ansehen. Ich hole meine EC-Karte raus.

Doch dann kommt eine freundliche, mollige Frau meines Alters herbeigeeilt, um der Kassiererin zu erklären, wer da vor ihr steht. Nein, die Kassiererin ist nicht in meinem Alter.

»Ach! Sie sind wieder da!« Ich schrumpfe zusammen.

»Das ist Martine!«, erklärt die freundliche Frau der Kassiererin freudig. »Das ist Martine! Sie wissen schon. Martine ist wieder da! Wie geht es Ihnen?«

»Gut«, sage ich.

»Aus der Werbung!«, sagt die freundliche Frau zur Kassiererin.

Das Mädchen ist jung. Und hübsch. Und sie hat nicht die geringste Ahnung, wer ich bin.

»*Heel Holland bakt*!«

Der letzte Trumpf. Das Letzte, was ich vor meiner Hirnblutung gemacht habe. Die Frau wünscht sich so sehr, dass die Kassiererin mich erkennt. Sie will das für mich. Ich habe es ja schon gesagt, sie ist ein Schatz. Sie macht das für mich. Ihre Stimme wird etwas strenger. »Martine Bijl!«, sagt sie vorwurfsvoll. Die Kassiererin blickt sich nervös um, als könnte sie die Lösung zwischen den Kondomen und den Pflastern finden. »Ich sehe nie fern«, sagt sie. Wahrscheinlich tut es ihr wirklich leid, dass sie mich nicht kennt, woher auch immer. Sie hätte mich gerne erkannt, um das Thema zu beenden.

Ich sehe auf dem Kassenbildschirm den Betrag. Ob ich eine Payback-Karte habe. Ich atme falsch ein und stottere, ich sei sofort so weit. Leider wurde meine EC-Karte in der Zwischenzeit von meinem Portemonnaie verschluckt. Ich kann mich glücklich schätzen, dass ich meine PIN beim Eintippen nicht laut mitspreche. Ich wünsche mir so sehr, dass sie mir nichts anmerken. Und wenn sie nichts merken, finde ich das auch nicht richtig. Und jetzt muss mit dieser Quengelei auch mal Schluss sein! Ich muss einfach etwas Fröhliches und Freundliches sagen. Doch ich wühle vergeblich in meinem leeren Hirn nach den passenden Worten. Leide ich etwa auch noch an Aphasie? Das kann doch nicht sein? Das würde mir den letzten Rest geben.

Neurologe

Jedem Patienten, der mit einer Hirnblutung ins Krankenhaus gebracht wird, wird sofort der Führerschein weggenommen. Wenn man wieder fit genug ist, muss man die Fahrprüfung nochmal ablegen. Zuvor wird von einem unabhängigen Neurologen untersucht, ob noch alles funktioniert. Hämmerchen aufs Knie, nach links schauen, nach rechts schauen. Danach muss man die Fahrprüfung bei der Zentralstelle für Führerscheine machen. Und wenn man besteht, ist der Führerschein wieder gültig. Kostet natürlich alles Geld. So läuft das. Ich wusste das nicht, ich wusste gar nichts. Man hat ja auch nicht jeden Tag eine Hirnblutung.

In der Rehaklinik wurde regelmäßig eine »Teambesprechung« abgehalten. Alle Teilnehmer waren aufmerksam und interessiert. Wir tranken Kaffee und füllten Formulare aus. Mit sowas verbrachten wir dort unsere Zeit. Ich habe bereitwillig mitgemacht. Ich bin fügsam und motiviert, ich möchte eine Vorzeigepatientin sein. Mittlerweile habe ich herausgefunden, wie abhängig ich von meinem Auto bin. Ich will meinen Führerschein zurückhaben. Also gebe ich bei jeder Besprechung an, dass ich einen Termin bei einem Neurologen haben möchte, auch wenn ich nicht weiß, wie die Prozedur genau abläuft.

Und gelobt sei der Herr! Eines Tages wird mir mitgeteilt, es sei ein Termin beim Neurologen vereinbart worden! Mein Auto war zum Greifen nah. Ich würde ein neues Leben beginnen können. Es dauerte noch Monate, ich schlief schon wieder zu Hause, doch an einem strahlenden Sommertag im Juni war es endlich so weit. Für die Musterung musste ich zu einem dieser großen Krankenhäuser.

In diesen riesigen Krankenhäusern machen mich die ganzen Wegweiser und logischen Hinweisschilder, die mein Hirn nicht mehr entschlüsseln kann, immer unglaublich nervös. Ich finde einfach nie den richtigen Weg. Schon an der Drehtür setze ich meinen um Gnade flehenden Gesichtsausdruck auf, in der Hoffnung, dass sie mir nicht sofort den Hals umdrehen. Aber heute habe ich keine Angst. Berend ist bei mir. Ich habe so lange auf diesen Termin gewartet, und jetzt ist es endlich so weit! Ich bin fröhlich und optimistisch.

Da kommt er angestiefelt, der Neurologe. Ich kenne ihn nicht, aber ich kann ihm ansehen, dass er es sein muss. Wie schnittig und energetisch er daherkommt! Volles rotes Haar, ein frischer weißer Kittel, glänzende rosige Wangen mit feinen Äderchen. Straffe Haut, keine Falten. Ich finde ihn sofort großartig. Ich finde jeden sofort großartig, der bereit ist, mir ohne Gemurre zu helfen. Er nimmt uns in ein leeres Zimmer mit und sagt munter: »So. Zuerst einmal müssen Sie verstehen, dass Sie mit *reiner Willenskraft* nicht mehr viel erreichen werden. Sie können noch ein bisschen an sich arbeiten, vorsichtig und mit Bedacht. Aber Sie sind sich trotzdem sicher?«

Worüber soll ich mir trotzdem sicher sein? Natürlich bin ich mir sicher.

»Sie wollen das wirklich?«

Natürlich will ich das!

Und dann machte der energetische Neurologe die folgenden Dinge nicht: mit mir reden. Nicht: mich irgendwo kneifen. Nicht: mir eine Frage stellen. Nicht: mit einem Hämmerchen auf mein Knie schlagen.

Sich die Hände reibend fährt er seinen Laptop hoch. Ohne weitere Fragen zu stellen oder Formalitäten abzuhandeln, geht er, mit Berend und mir als Publikum, meine komplette Krankenakte durch, mit allen Scans und Aufnahmen. Er staunt nicht schlecht, als er sieht, was mir alles widerfahren ist. Sage ich: Halt, stopp, so war das nicht abgemacht!? Nein. Ich traue mich nicht, irgendwas zu sagen. Der energetische Neurologe redet ohne Punkt und Komma, und zwar nur mit sich selbst. Er zählt alle Befunde auf, die er sieht. Ich finde ihn überhaupt nicht mehr großartig.

Berend wirft mir einen Blick zu, und ich signalisiere ihm, dass bestimmt alles in Ordnung ist. Vor lauter vorgetäuschtem Interesse krieche ich geradezu in den Computer. Ich finde die ganzen Aufnahmen grässlich, aber ich möchte einen guten Eindruck machen. Ich sehe, wie Berend immer weiter in sich zusammensackt. Das Ganze ist nichts für ihn.

Der Neurologe hält mir einen Vortrag über den Zustand meines Gehirns während des ersten Monats im Krankenhaus und kommentiert die Scans. Erst sieht alles noch ganz in Ordnung aus, soweit das eben möglich ist. Doch völlig überraschend taucht ein neues Bild meiner vollgelaufenen Hirnschale auf. Überall dunkle Flecken. Der Arzt spricht von Blut zwischen den Hirnhäuten. Heilige Scheiße.

»Schauen Sie nur, genau da ist die Einblutung«, sagt der Neurologe, als würde er denken: Kommt da noch was? Er geht immer mehr in seiner Aufgabe auf. Ich presse meinen superlustigen Beitrag »Ähnelt den Bedriegertjes-Springbrunnen!« hervor. Er lacht nicht. Ich glaube, er findet das unangebracht. Na ja, hatte ich etwa mit Beifall gerechnet? Ja, wahrscheinlich schon, so bin ich gestrickt. Ich mache am laufenden Band schlechte Witze. Mit nur wenigen Dingen ist es mir so ernst wie damit, zu verdeutlichen, dass man mich nicht ernst nehmen sollte. Das mache ich schon mein ganzes Leben lang so, ich mache schlechte Witze, um meine Angst zu bekämpfen. Ich bin ein ängstliches Äffchen, das lacht.

Zum Glück endete die Fotoserie mit Bildern eines späteren Stadiums, die weniger beängstigend aussahen. »Da hat sich doch einiges getan!«, piepst Berend, der sich die meiste Zeit über nicht getraut hat, hinzusehen. Für ihn ist das Glas immer halbvoll. Ich bin so verwirrt, dass ich nicht weiß, was ich tun oder sagen soll, also erheben wir uns alle ein bisschen unbeholfen.

Na schön, dann gehen wir eben wieder nach Hause. Nach einer nicht enden wollenden Abschiedszeremonie an der Tür gibt mir der Arzt noch ein paar ernste Worte mit auf den Weg. Ich müsse jetzt wirklich begreifen, dass ich mit reiner Willenskraft nicht mehr viel erreichen werde. Was für ein guter Ratschlag. Ich habe zwar nicht darum gebeten, aber bekomme ihn trotzdem. Dabei war ich gerade dabei, all meine Willenskraft zu mobilisieren!

Aber so geht das nicht, ich muss in Zukunft vor allem an mir selbst arbeiten, wie schon gesagt: sehr vorsichtig und mit Bedacht. Vielleicht kann ich dann noch Fortschritte machen, ab und zu – innerhalb mehrerer Jahre ist das bestimmt möglich. Das Gehirn sucht nämlich immer nach einer Lösung. Das Gehirn ist in gewisser Weise ein echtes Wunder. Aber was wirklich nicht mehr funktioniert, funktioniert nicht mehr. Wie kann man das am besten ausdrücken? Das ist die Essenz eines Schadens. Wenn man nicht gehen kann, kann man nicht plötzlich doch wieder gehen. Kaputt ist kaputt. Ein Hirnschaden ist, was er ist.

Also, geben Sie alles, sagt der Doktor. Und ob ich denn auch noch Fragen an ihn hätte?

Ich traue mich wieder nicht, zu fragen, ich weiß nicht, was da bei mir falsch läuft. Ganz zum Schluss, als die Tür schon fast zu ist, finde ich den Mut, um mit dünner Stimme piepsend nach dem Führerschein zu fragen, den ich so sehr begehre. Der Neurologe lächelt sparsam und sagt: Nein! Das geht jetzt nicht mehr. Jetzt sowieso nicht mehr, ich habe ganze eineinhalb Stunden mit Ihnen geredet, ich bin also nicht mehr unvoreingenommen. Er verkneift es sich gerade noch so, »aber es war ein Riesenspaß« zu sagen.

Auf dem Flur platze ich beinahe. Habe ich dafür diesen nervenaufreibenden Ausflug in den Bauch dieses riesigen Krankenhauses auf mich nehmen müssen? Habe ich dafür mein komplettes Streberrepertoire an schlechten Witzen präsentiert? Habe ich mir dafür meine vollgelaufene Hirnschale ansehen müssen? Warum redet dieser Mann denn dann so lange mit mir? Das hat mir gar nichts gebracht! Erst bin ich böse, dann enttäuscht.

Auf dem Weg zum Ausgang stelle ich fest, dass ich natürlich selbst die Schuld daran trage, dass alles schiefgelaufen ist, weil ich nie klar und deutlich sage, was ich will. Warum mache ich das nie? Jetzt darf ich nie wieder Auto fahren, nie wieder ein bisschen Selbstständigkeit zurückgewinnen. Und ich werde auch keine Fortschritte mehr machen. Nichts wird wieder gut.

»Natürlich wird alles wieder gut«, sagt Berend.

Als ich meiner Psychiaterin am nächsten Tag deprimiert von diesem missglückten Arztbesuch erzähle, wird sie sofort aktiv. Sie telefoniert, veranlasst, dass wichtige Leute einen Brief bekommen, und setzt alle Hebel in Bewegung. Mein Mann ist ihr sofort verfallen.

Kurz darauf sitze ich beim unvoreingenommenen Musterungsarzt, den die zentrale Führerscheinstelle bestimmt hat. Der Arzt verhält sich korrekt und sachlich, stellt umgehend ein paar Fragen, macht ein paar Tests, schlägt mit dem Hämmerchen auf mein Knie, ich gebe all meine schlechten Angstwitze zum Besten, und der Neurologe sagt: So, Frau Bijl, Sie können die Führerscheinprüfung gerne beantragen. Wenn es nach mir ginge, dürften Sie sofort selbst nach Hause fahren. Zehn Minuten später stehe ich mit einem Formular in der Hand auf der Straße, das ich ab jetzt »das Formular der Freiheit« nenne. Tut, tut! Freedom!

Später antwortet Berend jedem, der sich nach meiner Gesundheit erkundigt, stolz: Martine hat die Führerscheinprüfung bestanden!

Vom Regen
in die Traufe

Und dann die Depression. Ich hatte Depressionen, das kann ich nicht bestreiten. Ich kann aber auch nicht darüber schreiben. Ich traue mich nicht. Etwas Schlimmeres als Depressionen kann ich mir persönlich nicht vorstellen. Das hier ist natürlich kein Wettbewerb, aber ich kann wahrheitsgemäß sagen, dass ich nach meiner Hirnblutung Depressionen bekam, ich durfte also die ganze Angebotspalette durchprobieren. Depressionen gewinnen meiner Meinung nach auf allen Ebenen.

Ja, ich bin nicht du. Und du bist nicht ich. Du willst auch gar nicht ich sein. Dann müsste man dich für verrückt erklären.

Mein ganzes Leben lang habe ich Witze über faule Frauen mit fettigem Haar gemacht und gehört, und über Never Ending Story voller Selbstmitleid, und begleitet von unzähligen Gläsern Sherry. Wenn jemand mit so einer kraftlosen, düsteren Stimme sprach, dann war das für mich eine Wichtigtuerin. Ich dachte: Meine Güte, jetzt ist es aber auch mal gut. Get a life. Ja, wirklich nicht nett. Und unverzeihlich.

Aber ich habe nicht gewusst, was Depressionen sind. Nicht, wie angsteinflößend sie sind. Vor allem, weil sie in deinem Kopf sind. Ein depressiver Verstand ist der allerdunkelste Abgrund.

In der schlimmsten Phase saß ich allein zu Hause auf der Terrasse. Man sah mir nichts an, nur die Gürtelrose in meinem Gesicht, eine Krankheit, die sich um mein rechtes Auge herum angesiedelt hatte. Hatte ich um mehr Aufmerksamkeit gebeten? Ganz bestimmt nicht. Kopfschmerzen und eklige, grausige Beulen auf meiner Stirn. Schmerzen. Als würde die Drainage meines Hirns kaputtgehen. Oder als würde E.T. von innen Nadeln nach außen stechen, dieser Einfaltspinsel. Wie auch immer, die Pusteln sind da. Und der Schmerz auch. Aua!

Ich blieb auf der Terrasse sitzen, bis es dunkel wurde, denn dann musste ich wenigstens nicht rein. Wenn ich reingehe, muss ich auch irgendwann ins Bett, und dann kommen die Gedanken wieder. Dann bricht die Hölle wieder los. Und so kam es auch.

Ich schreibe nicht darüber, weil ich Angst habe, dass die Depressionen zurückkommen. Ich vertraue meinem Gehirn nicht. Nie wieder, befürchte ich. Das ist so wie mit dem Plastikmüll in den Ozeanen, der kann auch nicht einfach wieder verschwinden. Wenn man denkt: Jetzt bin ich sie Gott sei Dank endlich los, dann kommen sie wieder. Ich sage nur, wovor ich Angst habe. Ich sollte es jemandem erzählen, doch das mache ich nicht.

Aber ich habe einige Sachen aufgeschrieben.

Schwarze Decke

Manchmal kommt spontan jemand vorbei, den man direkt vom Treppenabsatz stoßen möchte. Normalerweise kann man dann einen Vorwand erfinden, um ihn loszuwerden, aber dieser Jemand kommt immer dermaßen unerwartet, dass ich jedes Mal völlig überrumpelt bin.

Ich liege im Bett. Ich hatte zu meiner eigenen Überraschung einen tadellosen Tag hingelegt, war selbstgefällig ins Bett gegangen und schnell und problemlos eingeschlafen. Doch am Ende der Nacht – immer dann – lässt sich dieser unerwünschte Besucher neben mich fallen. Manchmal, wenn man keinen Mucks macht, geht er auch wieder weg. Manchmal aber auch nicht. Er schleicht sich unangekündigt rein und pfeffert sein Gepäck fürs Wochenende in die Ecke. Dann stehe ich auf, und der Besucher auch. Er folgt mir den ganzen Tag und geht nicht weg. Ich nenne diesen Besucher Schwarze Decke. Jetzt gibt es neben E.T. auch noch Schwarze Decke. Langsam wird es eng in mir. Ich bin äußerst gefragt.

Ich lebe weit über meine Verhältnisse. Ich habe mir in den letzten Jahren sehr viel Energie von einer gnadenlosen Bank geliehen. Ich verkehre nämlich ganz normal mit anderen Leuten. Ich sorge dafür, dass sie mir nichts anmerken. Ich rede und lache. Ich empfange Besuch. Ich halte beim Kaffeetrinken Schwätzchen. Es kostet mich einiges, die Energie dafür aufzubringen. Alle sagen, ich würde gut aussehen und gut sprechen. Die Kasse hört nicht mehr auf zu klingeln. Jetzt muss ich den Kredit abbezahlen. Der Zinssatz ist meiner Meinung nach unverschämt hoch, er kostet mich Berge von Hoffnung und Selbstvertrauen. Ich muss alles am Schalter abgeben. Ich bin fast bankrott.

Und das Leben ist so unvorhersehbar: Heutzutage hat man keine Sicherheiten mehr! Hätte der Arzt gesagt: Hören Sie mal, ab jetzt haben Sie pro Woche drei pechschwarze Tage und zwei bessere, dann hätte ich eingeschlagen. Widerwillig, aber trotzdem. Aber dann würde ich wenigstens wissen wollen, wann ich was zu erwarten habe! Und von wann bis wann. Ich will es ganz genau wissen, dann kann ich das einplanen! Dann kann ich mich pünktlich in eine Ecke verziehen und grollen.

Übrigens lüge ich gerade. Jeder Buchstabe ist gelogen. Schon eine halbe Stunde halte ich nicht aus. Das wundert mich auch. Aber im Leben kommt alles stets unerwartet. Ja, das ist das Schicksal, damit muss sich jeder rumschlagen. Zufall. Passiert. Manchmal werde ich kurz wach, nachdem ich vollkommen zufrieden eingeschlafen bin, und dann zittert Schwarze Decke schon affektiert in einer Ecke, um sich anschließend pathetisch über mich zu werfen. Ich hasse sie zutiefst.

Jetzt halte ich jeden Besuch fern. Ich errichte keine Mauer, ich bin die Mauer. Ich bin unglaublich bedauernswert. Was mache ich nur? Ich schneide büschelweise Schneeglöckchen aus der Wiese, die meisten Stängel knicke ich ab. Ich will nicht, dass sie abknicken, es passiert einfach. Ich stelle sie in meine antiken italienischen Vasen und sehe darin keinen Sinn. Ich sehe nirgends einen Sinn. Ich knicke die Stängel ab. Sie haben mir gesagt: Lernen Sie, das zu akzeptieren. Das ist ein Teil Ihres Lebens. Jeden Tag denke ich: Ich lege mich ins Zeug und mache die schönen Sachen, die ich mir während des morgendlichen Grübelns vorgenommen habe. Das muss mich doch glücklich machen? Die Vasen haben nicht geholfen. Ich bin eine wertlose alte Frau. Ich kann nichts. Ich zerbreche die schmalste, schönste Vase. Ich bin nutzlos. Ich bin ein ständiger Quell der Enttäuschung.

Da segelt Schwarze Decke auf mich nieder, wie ein träger Rochen auf hoher See. Wenn sie sich über mich legt, bin ich kaum noch ansprechbar. Ich fühle ihr Gewicht buchstäblich, so wie ich sie ebenfalls buchstäblich wieder hochsteigen und wegfliegen sehe, wenn sie von mir ablässt. Dann bin ich zutiefst dankbar dafür, dass es vorbei ist. In der Zwischenzeit habe ich vor allem Angst, ich verstehe nicht, was andere sagen, ich bin zynisch und verbittert und weinerlich und vollkommen egozentrisch, ich will nicht mehr aus dem Bett, fühle mich ernsthaft bedroht, vergesse alles, was ich vor kurzem noch mühevoll dazugelernt habe, kann nicht mehr klar denken und nicht mehr glücklich sein.

Ich bin absolut ungenießbar. Die Hirnblutung hat mich einige Freunde gekostet, aber das Schlimmste ist Schwarze Decke. Die kommt direkt aus der Unterwelt. Manchmal traue ich mich morgens kaum zu atmen. Aber Schwarze Decke legt sich so oder so irgendwann über mich, wenn ihr gerade der Sinn danach steht. Ich bin im Übrigen genauso schlimm, ich mache auch, wonach mir der Sinn gerade steht, ohne an andere zu denken. Berend quatsche ich ohne Punkt und Komma voll. Wir sitzen am Küchentisch. Er ist völlig erschöpft. Ich widerspreche ihm am laufenden Band. Manchmal sehe ich, wie es ihm zu viel wird. Einmal beobachte ich, wie er den Kopf auf den Tisch legt, auf seine Hände. Es tut mir sofort Leid. »Berend«, sage ich, »wenn wir abmachen, eine Woche lang …« »Vielleicht können wir irgendwann mit einer Stunde anfangen«, sagt Berend matt. Ich rede immer weiter. Ja aber, ja aber.

Ich fange an zu schreiben, und kann nicht mehr aufhören. Es taugt nichts. Was ich schreibe, taugt nichts. Ich komme aus dem Konzept, ich weiß, dass ich jede halbe Stunde einmal ums Haus gehen sollte, weil ich sonst manisch werde. Ich stelle den Timer meines Handys, weil ich nicht länger als eine halbe Stunde lang am Computer sitzen darf. Als der Alarm läutet, stelle ich ihn nicht einmal aus, ich mache trotz des Lärms einfach weiter, ich kann nicht aufhören. Ich habe eine solche Angst vor dem, was ich gerade mache, dass ich davon vollkommen egozentrisch werde.

Aber Schwarze Decke geht auch wieder weg, wenn ihr gerade danach ist.

Ich halte sie jedenfalls nicht auf, ganz gleich, ob sie gerade geht oder kommt. Ich bin im Garten, und es gefällt mir nicht. Wenn Schwarze Decke Aufmerksamkeit braucht, gefällt mir gar nichts mehr.

Ich habe mich von meinen Rettungsbojen verabschiedet. Und ich hatte einige davon. Sie sind fast alle weg. Was habe ich mit mir selbst zu schaffen? Ich habe eine schöne Fernsehsendung moderiert, bei der alle Mitarbeiter nett zu mir waren. Das sicherste Gefühl, das ich kenne. Ich schmeiße es weg. Ich kann das nicht mehr.

Dafür kann ich bestens jemanden imitieren, der weiß, wie man lebt, und das hilft oft eine ganze Zeit lang. Alles in Ordnung, alles in Butter. Auch bei mir. Mein Umfeld wundert sich sogar darüber, wie gut es mir geht. Aber hinter der nächsten Ecke scharrt das Zirkuspferd namens Depression schon mit den Hufen.

Auch Gartenarbeit erlaube ich mir nicht mehr. Das kann ich nicht mehr. Fernsehen auch nicht. Ich würde vor lauter Stress und Angst verrückt werden.

Im Garten wuchert das Unkraut. Ich hasse das Unkraut.

Na ja, wenn man es nüchtern betrachtet, habe ich schon immer wie eine Verrückte im Garten gearbeitet. Jeden Tag, fast den ganzen Tag. Berend hat endlich zugegeben, dass ihn das manchmal ziemlich gestört hat. Ich arbeitete vor allem an versteckten, weit entfernten Stellen, in Ecken, die man vom Haus aus nicht einmal sehen konnte. Ganz weit hinten, hinter einem großen Baum, an dem Efeu emporkletterte, den Efeu musste ich entfernen, erst dann konnte ich mich weiter vorarbeiten. Berend sagt: Mach doch ein Stück, das du sehen kannst. Das war vor meiner Hirnblutung. Jetzt, nach der Hirnblutung, gehe ich nicht mehr zu den versteckten Stellen, das wäre dumm, nachher falle ich da noch in den Graben.

Zeit für den Älteren-Herrn-mit-Schere-und-glücklichem-Gesichtsausdruck, den ich vor einiger Zeit in der Schlaganfallsbroschüre gesehen habe. Ich bin nicht so beherzt bei der Sache wie er, ich bin immer noch unzufrieden. Ich begreife allmählich, dass man hart arbeiten muss, um ins Reich der Akzeptanz vorzudringen. Aber so weit bin ich noch nicht. Und wenn ich daran denke, dass das aber nötig ist, wackelt Schwarze Decke mit ihrem Hintern und dreht eine Runde nach der anderen, während ich mich selbst in den Boden schraube.

Ich irre durch den Garten und versuche, die Knospen aufzustarren. Die Knospen haben sich längst geöffnet. Ich sehe sie nicht. Ist mir auch egal. Mir ist alles egal.

Auf dem Boden sitzt ein zwitscherndes Rotkehlchen und beobachtet mich. Scher dich zum Teufel mit deinen Schneeglöckchen. Würde dieser kleine Vogel gegen mich fliegen, würde er auf der Stelle tot zu Boden fallen, so kalt bin ich. Es regnet und regnet. Zwischen den Obstbäumen haben sich Pfützen gebildet. Die Bäume ertrinken allmählich.

Der Weg zur Depression war unendlich lang. Man legt diesen Weg ganz allein zurück. Das letzte Stück des Weges (das Stück, auf dem das Gehirn explodiert und das Wort »Depression« zum ersten Mal laut ausgesprochen wird) kann ich nicht beschreiben, ich will es auch gar nicht versuchen. Ja, ich habe es versucht. Und nachdem ich es aufgeschrieben hatte, habe ich es weggeworfen. Es schmerzte mich. Ich hatte aufgeschrieben, wie es war, wie ich war, wie ich Monat um Monat niemandem etwas gesagt habe, obwohl ich ständig Laute von mir gab. Ich hatte mit niemandem mehr Kontakt, obwohl genügend Menschen um mich herum waren. Ich spulte einfach mein Programm ab, und jeder sagte: Wie gut du doch aussiehst! Es geht dir bestimmt schon viel besser! Währenddessen hatte ich unauslöschliche Gruselgedanken, die mich vor Angst verrückt machten. Den ganzen Teil lasse ich weg. Darf ich das? Ich muss.

Ich möchte jetzt nur über einige Patienten des Krankenhauses schreiben, die ich kennengelernt und in mein Herz geschlossen habe. Was ich schreibe, ist das, was ich mir selbst zumuten kann. Geschichten. Wo der Weg begann, weiß ich nicht. Die Reise endete mit einem Besuch beim Hausarzt, einem vorschriftsmäßigen Termin beim Krisenzentrum und der Aufnahme im Krankenhaus. Warum dort? Tja, da war gerade ein Platz frei. Jetzt kann ich wieder sagen: Zufall. In diesem Krankenhaus war ein Platz frei.

Es gibt dort eine Station, auf der sich alle Fenster und Türen automatisch klickend verschließen. Ich durfte ins Innere dieser Festung. Klick, machte die Tür.

Ich bin mir sicher, dass ich verrückt werde.
Nein, das ist Verwirrtheit.
Nein, das sind Ängste.
Nein, das ist dein gestörtes Gleichgewicht.
Nein, das ist das Alter.
Verrückt ist schwierig.

Das Krankenhaus

Heulkrampf

In der Anfangszeit hatte ich im Krankenhaus vor allem Angst. Ich fand es schaurig, überall waren Geräusche. Ich hatte das Gefühl, mit Außerirdischen von einem anderen Planeten eingeschlossen zu sein.

Ich bin unendlich unglücklich. Ich traue mich nicht, zu gehen, und ich traue mich nicht, zu bleiben. Ich puzzle manisch, Stunde um Stunde, ein Disneypuzzle mit Winnie Puuh, das 54 Teile hat. Vierundfünfzig. Lächerlicher geht es kaum noch. Ich mag diesen Winnie von Walt Disney auch gar nicht, mir gefallen nur die englischen Illustrationen von Ernest Shepard. Jetzt liegt vor mir der dicke, gelbe Senf-Puuh mit seinem blöden Quadratschädel. Auch das noch. Das ärgert mich maßlos. Was um Himmels willen bilde ich mir ein? Aber ich *muss* das Puzzle fertig machen. Ich kann nicht aufhören, bevor es fertig ist. Es dauert drei Stunden, bis ich aufgebe.

Ich durchschaue langsam, dass die ersten Wochen für die sogenannte Aufnahme bestimmt sind. Ich muss einmal das ganze Programm durchlaufen. Muss ich alles mitmachen? Ja, ich muss. Aber ich weigere mich von Anfang an, zum Morgengespräch zu gehen. Dort muss man erzählen, wie es einem geht. Das geht sie alle einen feuchten Dreck an, wie es mir geht.

Ansonsten werden die Tage mit allerlei Angeboten gefüllt, und aus den Ergebnissen ziehen sie dann irgendwelche Schlüsse. Ich mache bei der Morgengymnastik mit. Ich bin unglaublich steif, ich kann mich kaum bewegen. Wir sollen beschwingt durch den Raum schreiten, begleitet von Salsamusik. Ich finde das bescheuert und gleichzeitig lustig. Aber auch heute noch hilft mir das Video, das ich damals mit meinem Handy von der Morgengymnastik gemacht habe, frühmorgens nach dem Aufstehen beim Weiterleben.

Am nächsten Tag eine Stunde Bewegung, etwas, das sie Sport und Spiel nennen. Sport und Spiel! Ja sind wir denn im Dritten Reich? Wir müssen bunte Ringe über Stangen werfen. Die Therapeutin möchte eine Wettbewerbsstimmung schaffen und schreibt die Ergebnisse mit weißer Kreide an eine schultafelgrüne Tür. Sie lobt jeden aufrichtig und lautstark.

Ich finde es schrecklich kindisch und will nichts davon wissen. Dafür bin ich mir wirklich zu schade. Ich werde ja wohl ein paar Ringe werfen können? Als ich an der Reihe bin, versage ich kläglich. Ich treffe keine einzige Stange, egal, wie nah ich rangehe. Macht nichts, einfach ausprobieren, sagt die Therapeutin in fröhlichem Tonfall. Am Ende lege ich die Ringe einfach über die Stangen.

»Ich kann wirklich gar nichts«, sage ich heiser. Das Depressionsstimmchen, das ich selbst so sehr hasse. Und man darf solche Sachen in diesem Umfeld nicht sagen, man darf sich selbst nicht ablehnen. Sich selbst ablehnen, das ist nicht der Sinn der Sache. Aber ich lehne mich nicht ab, ich stelle lediglich fest, dass ich früher alles konnte, und heute nichts mehr. Ich stelle es fest, mehr nicht. Wir machen weiter, es wird immer einfacher. Aber selbst die einfachsten Sachen gelingen mir nicht, verstehe ich nicht. Ich bin mir sicher, dass ich für diesen Kurs nicht angenommen werde. Es fühlt sich an, als würde ich mich für eine Stelle bewerben, für die ich kein Fünkchen Talent habe.

Ein anderes Mal mache ich beim Musikunterricht mit. Neben der Therapeutin sind vier Teilnehmer im Raum. Ein Klavier, eine Blockflöte, eine Gitarre und allerlei Bongos und Orff-Artiges und noch viel mehr. Die junge Lehrerin stürzt sich mit voller Hingabe auf diese Aufgabe. Sie kennt meinen Namen nicht, und sie kennt mich nicht. Es wäre aber auch komisch, wenn es anders wäre. In ihren Augen muss ich verdammt alt sein. Ich darf mir ein Instrument aussuchen und damit machen, was ich will. Mir fällt nichts ein. Ich nehme die Gitarre, früher konnte ich gut Gitarre spielen. »Es ist ganz egal, was Sie machen. Alles ist erlaubt«, sagt die junge Frau. »Sie fühlen bestimmt etwas. Machen Sie einfach das, was Sie fühlen.« Ich fühle nichts. Schramm, mache ich mit der Gitarre. Schramm. Ich fühle nichts, nur Scham und Wut.

Andere machen mehr. Sie piepsen mit Flöten herum, summen und brummen, streicheln über Tom-Toms, singen erfundene Mantras. Ich schrammle zwanzigmal den gleichen Nicht-Akkord.

»Schön. Geht mal ein bisschen aufeinander ein«, sagt die Therapeutin. Am Ende singt sie selbst ein englisches Lied, mit hoher, klarer Stimme. Sie singt voller Hingabe, ich höre, dass sie das gerne macht, während sie sich selbst auf dem nicht besonders gut gestimmten Klavier begleitet. Irgendwas von Simon & Garfunkel. Es wirkt so, als würde sie das eigentlich für sich selbst machen. Als das Lied zu Ende ist, klatscht niemand von uns. Das ist für sie bestimmt ziemlich unangenehm. Für mich haben die Leute früher immer geklatscht.

Mir fallen diese Therapien unglaublich schwer. Nicht, weil sie schlecht sind, ich kann sie nur einfach nicht ertragen. Ich werde einfach nicht damit fertig, dass ich nichts mehr kann.

Den größten Missmut löst die Kunsttherapie bei mir aus. Alle müssen etwas machen. Am Tisch sitzen lauter bereitwillige Männer und Frauen, die zwanghaft motiviert sind. Wir werden alle zusammen kreativ, wir bekommen eine Aufgabe: Die Therapeutin verteilt Blätter, auf denen das Skelett eines Baumes zu sehen ist. Der Baum muss ausgemalt und mit Blättern bestückt werden, dazu kann man Wachsmalkreide oder irgendwas anderes verwenden. Alle wollen Wachsmalkreide. Ich nicht, ich finde Wachsmalkreide abscheulich und fettig und eklig.

Ein älterer Mann, der mir von allen am sympathischsten ist, möchte eine Viertelstunde früher gehen, damit er mit seiner Schwester mittagessen gehen kann. Seine Schwester hat viel zu tun und nur mittags Zeit. Er fragt direkt zu Kursbeginn, er fragt ganz ruhig und höflich, ob er vielleicht eine Viertelstunde früher gehen dürfe.

Nein, das geht nicht, damit fangen wir erst gar nicht an. Die Therapeutin, noch jung, mit sichtlich antrainierter Autorität, sagt nein. Ich werde blind vor Wut. Ich mische mich ein. Ich quengle und meckere. Ich widerspreche der Therapeutin so oft wie möglich und bin auch noch stolz darauf.

Es wird immer peinlicher. Man hört das unbehagliche

Stuhlscharren, das Hin-und-her-Schieben der Blätter auf dem Tisch. Die Stimmung ist gedrückt, alle wollen einfach anfangen. Ich halte alles auf.

Der ältere Mann sagt nichts. Er hat das Mittagessen mit seiner Schwester längst abgehakt. Ich bin verbittert. Das ist nicht fair. Er könnte ruhig ein bisschen Dankbarkeit für meinen Einsatz zeigen. Ich denke: Ich kann alles besser als diese dumme Therapeutin mit ihren perlweißen Zähnen. Ich habe mein ganzes Leben lang schöne Sachen gemacht, ich werde es ihr verdammt nochmal zeigen. Das ist es, was ich denke. Alle anderen sitzen schweigend auf ihren Stühlen.

Die Therapeutin lässt sich nicht unterkriegen. Sie bemüht sich um mich. Ich bekomme sogar Buntstifte, als ich danach frage. Ich darf alles machen, worauf ich Lust habe. Jetzt *muss* ich etwas Schönes machen, etwas Originelles, das zeigt, wie viel Talent ich habe. Die Therapeutin macht mir ein Kompliment. »Was für außergewöhnliche Blumen!«, sagt sie.

Außergewöhnliche Blumen. Das müsste so ein *Erfolgserlebnis* sein, das Wort habe ich schon oft gehört. Wieder so ein Schwachsinnswort. Aber ich kann es einfach nicht mehr. Ich kann gar nichts mehr. Und niemand weiß zu schätzen, dass ich dem Mann helfen wollte, der allerdings auch gar nicht um Hilfe gebeten hatte. Niemand lehnt sich gegen das Regime auf. Ganz im Gegenteil, sie denken, dass dieses nervige Weib – ich – ihnen den Kurs verdorben hat. Und damit haben sie auch noch recht. Ich wünschte, ich wäre nie geboren worden. Aus jeder meiner Poren trieft Selbsthass.

Niemand sagt noch etwas dazu. Am nächsten Tag entschuldige ich mich in einem kurzen Brief für mein Verhalten, und diesen Brief werde ich bald allen Therapeuten geben, die ich vermutlich beleidigt habe. Es fühlt sich wie eine Niederlage an. Sie alle zeigen Verständnis.

Später bekomme ich in meinem Zimmer zum ersten Mal in meinem Leben einen unaufhaltsamen Heulkrampf. Er hört gar nicht mehr auf. Ich hickse, ich keuche, ich muss mich beinahe übergeben, ich gebe Geräusche von mir, die ich noch nie zuvor gemacht habe. Ich habe noch nie solche Tränen geweint.

Ich habe mich noch nie so sehr von mir verabschiedet. Der Abschied ist endgültig, so fühlt es sich an. Anscheinend ist es das, was ich tun muss. Anscheinend muss ich da durch.

Ein netter Pfleger kommt zu mir. Jeder Pfleger nimmt jeden Tag einen Patienten unter seine Fittiche. Dieser Junge setzt sich zu mir, legt einen Arm um mich und verwendet diese Wohlfühlterminologie, die ich so sehr hasse. Und genau jetzt, am Rande des Erträglichen, kommt er mir mit: »Gott sei Dank, Sie lassen den Schmerz endlich zu.« Ich muss mich übergeben. Ich will ihn schlagen. Ich will ihm den Kopf abreißen. Aber der Pfleger dreht den Hahn der Anteilnahme bis zum Anschlag auf, und mein Herz zerbricht in zwei Teile.

Ich höre nie wieder auf zu weinen.

Abends puzzle ich noch eine halbe Stunde lang am Senf-Puuh. Dann ist er fertig. Morgen fange ich mit Pocahontas an.

In der Schlange

Schon am frühen Morgen steht eine Schlange vor dem Gemeinschaftsraum. Neben dem Essenswagen auf dem Flur steht eine fröhliche Frau. Sie stellt den Wagen hin und lässt ihn dort von acht bis halb neun stehen, und keine Sekunde länger. Feste Abläufe sollen dabei helfen, das Chaos in unseren Köpfen zu bezwingen. Die Essenswagendame lacht schrill, mit diesem Lachen setzt sie sich mit aller Kraft gegen die hier vorherrschende Trauer zur Wehr. Glaube ich jedenfalls. Ich ziehe mal wieder eine Schublade auf. Meiner Meinung nach will sie damit sagen: Ich bin fröhlich, jetzt müsst ihr nachziehen, wir geben alle unser Bestes.

Aber na ja. Gar nichts ist gut. Aufstehen nicht, liegen bleiben erst recht nicht. Das Leben ist eine einzige Qual. Manchmal stehen sie mit verquollenen Augen zu spät in der Tür zum Gemeinschaftsraum und bekommen doch noch etwas zu essen. Hier fällt schon niemand vom Fleisch.

Ich bin immer pünktlich. Ich will jede einzelne Regel befolgen. Ich hole mir brav mein Frühstück und meine Pluspunkte ab. Es fällt mir sehr schwer, aufzustehen, aber liegen zu bleiben wäre noch schlimmer. Jeder Depressive hasst den Morgen, denn dann kratzen bereits die gemeinsten Gedanken an der Tür. Sonntags darf man länger schlafen, weil Sonntag ist. Warum? Weil ich das sage. Weil Sonntag ist. Doch je länger ich im Bett bleibe, desto schlimmer sind meine Gedanken. Dagegen war mein früherer lausiger Morgenhumor eine Karnevalsveranstaltung.

Ich esse jeden Morgen genau das Gleiche, das gibt mir Sicherheit. Sonst zeige ich vor Nervosität einfach wild drauflos. Ist das schlimm? Ich finde das mehr als schlimm. Warum? Darum. Wenn ich bemerke, dass ich meine Liste im Zimmer vergessen habe, eile ich schnell zurück, mit verschwitzten Wangen und einem trockenen Hals, denn ohne meine Liste bin ich verloren. Schon bald kennt die Essenswagendame meine Frühstückswünsche auswendig. Doch dann steht da plötzlich eine andere Frau, und ich bin total von der Rolle. Ich glaube, ich werde langsam, aber sicher wahnsinnig.

Manchmal stürze ich in mein Zimmer und schreibe dort alles, was ich von einem informativen Gespräch behalten habe, in ein dickes Notizbuch, aber dann vergesse ich wieder, dass ich überhaupt ein Notizbuch habe. Das bringt also nicht besonders viel.

Auf dem Computer im Tablettenzimmer habe ich einmal eine Charakterisierung von mir entdeckt. Ich spähte vorsichtig hin, aber die Betreuerin erlaubte mir sogar, den ganzen Text zu lesen, wenn ich das wollte. Natürlich habe ich ihn gelesen – und danach sofort fast alles vergessen. Ich sei eine »68-jährige Frau mit sehr wenig Selbstbewusstsein«. Das ist das Einzige, woran ich mich erinnere.

Das Essen ist im Handumdrehen vorüber. Nach jeder Mahlzeit muss der Tisch abgeräumt und abgewischt werden. Es gibt eine Liste, auf der steht, wer heute *Dienst* hat. Das Wort erinnert mich an meine Jugend, an das Kinderferienlager *De Pinksterblœm*. Hier ist unser stolzer Pfingstkönig, der wär ich auch gern mal. Mit dem schönen Dingsbums auf dem Kopf, und mit den läutenden Glocken.

Beim Dienst gibt es die Genauen und die Nachlässigen. Die Genauen erledigen ihre Aufgaben und achten darauf, dass die anderen das auch machen. Manche vergessen das. Ich zum Beispiel. Immer. Ich schäme mich jedes Mal zutiefst, wenn jemand sagt: Du hattest heute Morgen Dienst. Wo warst du? Manchmal bereitet es ihnen regelrecht Freude, sowas zu sagen, genauso wie es manchen Leuten Spaß macht, jemanden zurechtzuweisen. Ich würde auch gerne mal jemanden zurechtweisen, aber ich kann das nicht. Am liebsten würde ich die halbe Welt zurechtweisen.

Das Ende der Warteschlange bildet immer ein bescheidener ungefähr vierzigjähriger Mann, der jeden großmütig vorlässt, damit er immer zuletzt an der Reihe ist. Er betet vor und nach jeder Mahlzeit, endlos lang und verbissen, mit weißen Knöcheln. Wenn er nicht in der Nähe ist, nenne ich ihn den Gottesanbeter. Wofür betet er? Wogegen betet er? Er erzählt nichts. Er erzählt nur, dass er von Hard Rock besessen ist. Seitdem stelle ich mir immer eine Gottesanbeterin vor, die mit voller Wucht auf ein Cello eindrischt.

Eines sonnigen Morgens, es ist noch ganz früh, sehe ich einen Mann an der Theke des Tablettenzimmers stehen. Er durfte eine Zeit lang nach Hause, was nicht besonders gut funktioniert hat, weshalb er freiwillig früher zurückkommen möchte, was er selbstverständlich als Scheitern ansieht. Man kümmert sich liebevoll um ihn. Er schluchzt, er verstehe es einfach nicht und muss unbeherrscht weinen. Es ist der Gottesanbeter, der mit den weißen Knöcheln. Bald ist es Zeit für den Morgenspaziergang. Er kann direkt mitgehen.

So sitzen wir dreimal pro Tag zusammen am Tisch. Gegen acht Uhr bringt eine fröhliche Pflegerin noch eine Kanne schwarzen Kaffee. Ab zehn Uhr abends stehen alle für die Tabletten Schlange. Donnerwetter, das ist ja fast wie im Hotel!

Bastelraum

Ich sagte zur diensthabenden Betreuerin: »Ich würde sooo gerne mal ganz allein nach unten dürfen, in den Bastelraum. Das würde doch jetzt gehen, oder? Ich finde auch ganz allein dorthin.«

»In Ordnung«, sagte die Betreuerin.

Zuversichtlich machte ich mich auf den Weg und hatte innerhalb kürzester Zeit keinen blassen Schimmer mehr, wo ich war. Ich streifte eine ganze Zeit lang umher und landete auf der anderen Seite des Krankenhauses und war völlig verloren. Doch glücklicherweise lief ich dort einer Pflegerin über den Weg, die zur mir vertrauten psychiatrischen Abteilung gehörte! Sie ging ein Stück entfernt hinter mir her, ich schaute mich zufällig um, und da sah ich sie.

»Ach, hallo«, sagte die Frau. »Waren Sie auf dem Weg zum Bastelraum? Soll ich kurz mitgehen? Ich muss sowieso in die Richtung.«

Ich ging sofort mit. Und mein Selbstvertrauen war nur minimal angeknackst. Diese Menschen verstehen etwas von ihrem Fach.

Nach einiger Zeit konnte ich den Bastelraum mit geschlossenen Augen finden. Für mich war es ein riesiger Erfolg, dass ich die Erlaubnis bekam, allein dorthin zu gehen, raus aus der geschlossenen Abteilung und eine Etage runter, wo die Tische mit erstklassigen Bastelutensilien bestückt waren. Der Bastelraum wurde mein Lieblingsort. Ich saß dort jeden Tag so lange, bis er abgeschlossen wurde. Die Stimmung war dort ziemlich gut. Viele Patienten brachten irgendwelche Leckereien mit, es gab eine vernünftige Kaffeemaschine, und manchmal artete es sogar in eine Art Wettstreit aus, wer die meisten und leckersten Plätzchen dabeihatte.

Im Bastelraum wurde am laufenden Band gequasselt, ich bin immer noch davon überzeugt, dass über diese Gespräche Berichte geschrieben wurden; dass notiert wurde, was jeder gehäkelt oder gebastelt hat, was jeder gesagt hat, ob viel geweint wurde, und wer warum geweint hat. Ich schämte mich nicht mehr, zum ersten Mal wollte ich aus freien Stücken erzählen, was ich durchgemacht hatte. Meiner Erfahrung nach kommt irgendwann doch plötzlich der Tag, an dem man kleine Fortschritte macht. Nicht alle hörten interessiert zu, aber das war nicht weiter schlimm. Ich bekam eine Mappe mit Bildern, aus der ich mir welche aussuchen durfte, und eine riesige Auswahl an Buntstiften. Schließlich brachte Berend sogar meine eigene fantastische riesige Buntstiftdose von zu Hause mit, die ich nur gekauft hatte, weil sie so wunderschön anzusehen war. Jahrelang hatte ich diese prunkvollen Buntstifte nur betrachtet. Ab und zu hatte ich die Dose auch geöffnet.

Aber im Bastelraum fühlte ich mich wohl. Ich habe die Buntstiftdose dort nach all den Jahren zum ersten Mal benutzt.

Ein in sich gekehrter Mann saß in einer Ecke und goss ausschließlich Frösche in Gips und bemalte sie danach in karibischen Farbtönen. Ausnahmslos alle Frösche bekamen eine goldene Krone aufgesetzt und knallrote dicke Froschkrallen in fluoreszierender Farbe. Ich hatte Frans unglaublich gern. Wenn man vorbeiging und sagte: »Was für ein schöner Frosch, Frans!«, dann hatte man ihn schon für sich eingenommen. Er verschenkte sie sofort. Nach einiger Zeit wurde es zur Fließbandarbeit; die fertigen Frösche standen nebeneinander aufgereiht und warteten auf jemanden, der seine Begeisterung bekundete und einen haben wollte. Einmal fragte ich Frans: »Machst du das gerne?«, einfach so, um ein Gespräch anzufangen. »Irgendwas muss man ja machen«, antwortete er. Ich glaube, er fand die Frösche auch nicht besonders schön. Aber es war mutig von ihm, sie zu machen und zu verschenken. Einmal sagte er auch: »Wir sind hier ja nicht zum Däumchen drehen«, und das brachte mich zum Lachen.

Und manchmal musste ich weinen. Darum ging es im Wesentlichen: Plätzchen essen, ein bisschen basteln und flennen und erzählen, was man erzählen wollte. Oder auch nicht. Die Pfleger befürworteten es nicht, wenn sich die Patienten untereinander alles bis ins kleinste Detail erzählten, das könnte die anderen Patienten verwirren, sagten sie. Manche Dinge sollte man besser nicht wissen. Ein Patient, der eine Elektroschocktherapie bekam, die man nicht so nennen darf, murmelte einmal: »Sie bringen mich hier um«, und danach träumte ich die ganze Nacht ununterbrochen von Jack Nicholson mit Metallhelm. Kurze Zeit später hatte der Patient die Einrichtung gewechselt, er hatte einen kurzen, tadellosen und wundervoll geschriebenen Abschiedsbrief auf meinem Bett hinterlassen. Ein netter, kultivierter Mann, der manchmal vergaß, seine Zimmertür zu schließen, sodass man kurz Dinge sehen konnte, die einen nichts angingen.

Morgen

Auf dem Flur liegt eine schwarze Frau, auf der Seite, ruhig, mit angezogenen Beinen. Die Frühstücksabholer gehen vorsichtig um sie herum oder steigen über sie hinweg. Das Pflegepersonal ist schon bei ihr. Freundlich sagen sie zu der Frau: »Dürfen wir Sie ganz vorsichtig umdrehen? Dann kommen wir besser mit dem Essenswagen vorbei.« In nettem und normalem Tonfall, so als wollten sie deutlich machen, dass alles in Ordnung ist und dass hier dauernd Frauen mit angezogenen Beinen auf dem Flur liegen. Das Leben geht weiter. Die Frau bleibt liegen, ruhig, mit geschlossenen Augen. Sie trägt eine hässliche Brille. Die Ärztin kommt aus ihrem Büro.

Ich habe vor Jahren selbst einmal eine Frau im Supermarkt fallen sehen. Sie ist auf dem glatten Boden ausgerutscht, auf den Rücken gefallen und hat mit den Armen und Beinen wie ein Käfer gezappelt, der sich nicht mehr umdrehen kann. Jemand rollte sie auf die Seite, und sie zappelte immer noch. Aus ihrem Ohr floss ein Rinnsal Blut. Daraufhin schrie sie lang und schrill, so laut wie eine Sirene, wie ein Pfau klang sie. Der Schrei eines Pfaus ist das einsamste, beunruhigendste Geräusch, das ich kenne. Wenn ich daran denke, schäme ich mich noch heute dafür, dass ich damals keinen Finger gerührt habe. Ich dachte: Dann wird mein Mantel noch mit Blut besudelt. Das war unglaublich verachtenswert von mir. Kurz danach kamen mehrere Leute und legten ihr eine Jacke wie ein Kissen unter den Kopf. Ich habe mich noch Wochen lang dafür verabscheut, dass ich so feige reagiert habe. Aber das war vor langer Zeit im Supermarkt.

Die schwarze Frau im Flur liegt ruhig auf dem Laminat. Ich glaube, sie hat weder körperliche Schmerzen, noch blutet sie irgendwo, jedenfalls kann ich nichts erkennen. Sie hat andere Schmerzen. Ihre Seele schmerzt. Alle werden weggeschickt, und es folgt ein großes Hin und Her mit der Trage. Etwas später frage ich eine Pflegerin: »Der Frau von vorhin, geht es der gut?«

Die Pflegerin muss kurz überlegen, was sie mir erzählen darf.

»Es ist alles wieder in Ordnung«, sagt sie nach längerem Zögern.

»Gott sei Dank«, sage ich.

Am Schlimmsten ist, dass ich die Frage vor allem stelle, weil ich diesmal nichts falsch machen will. Ist es das Einzige, worauf es mir im Leben ankommt? Dass ich nichts falsch mache?

Im Krankenhaus darf man nicht einfach eine Jacke wie ein Kissen unter den Patientenkopf schieben. Man darf nicht einmal wirklich hinsehen. Das sind die Regeln.

Das wiederum kommt mir gelegen.

Arie

Arie ist ein wandelndes Tattookunstwerk. Alles ist bedeckt, die Arme, die Waden. Es gibt viele Blumen, in schönen Farben ausgearbeitet. Vor allem rund um die Augen hat Arie oft blaue Flecken, dann läuft er eine Zeit lang wie ein riesiges, sich bewegendes Stillleben-mit-Kornblumen herum. Arie gerät schnell in Rage, das sagt er selbst, und dann teilt er gerne Schläge aus, aber meistens bekommt er auch welche zurück. Die neue blaue Blume ist deutlich zu sehen. Wenn die neuen Blumen rund um die Augen etwas heller werden und nach unten sacken, weiß man, dass Arie keine Schmerzen mehr hat.

Morgens kommt er schweigend in den Gemeinschaftsraum. Das Schweigen ist eisig. Niemand kann so schweigen wie Arie. Er drückt innerhalb einer Millisekunde eine Leberwurstpelle aus und klatscht ein Kunstwerk von vier Butterbrotscheiben aufeinander, das er zusammenklappt. Das ist sein Ein-Bissen-Frühstück. Es passt gerade so in seine Hand.

Wenn Aries Blick an einem hängen bleibt, denkt man: Ich muss mich in Acht nehmen. Nichts an ihm bewegt sich dann. Er starrt einen an und blinzelt nicht. Seine Augen sind oft rot. Die Iris glimmt angsteinflößend in den Augen.

Zu viert spielen wir therapiebedingt Tennis, mit Ballons und schlanken Badmintonschlägern, die nichts wiegen, und wir haben einen Riesenspaß dabei. Drei Patienten und der Therapeut. Wir vier bilden eine Einheit, wir gehören zusammen, wir lachen viel und herzlich. Ich fühle mich richtig wohl und bin sogar glücklich. Arie steht neben mir und wird von Hingabe und Siegeswillen mitgerissen. Ich habe noch nie gesehen, wie jemand einen schlaffen Ballon dermaßen kraftvoll über ein Netz schlägt. Einmal schlägt er so unbeherrscht, dass sein Schläger hart gegen meinen Ellbogen prallt. »Aua! Du tust mir weh!«, rufe ich.

Es tut wirklich weh. Die Stimmung ist dahin. Der Blick wieder nach innen gerichtet. Arie hat sich richtig erschrocken. Und das wiederum erschreckt mich. »Einmal pusten?«, frage ich, und ich halte meinen Ellbogen hoch. Der perfekte Einfall, auch wenn ich das selbst sage; ich bin damit äußerst zufrieden.

Alle müssen laut lachen. Auch Arie. Das restliche Spiel verläuft völlig entspannt.

Nachmittags sitze ich wieder unten im Bastelraum. Wie eine Verrückte habe ich damit angefangen, Malbücher auszumalen. Das ist wohl gerade angesagt und soll sehr gut für die innere Ruhe sein. Und das stimmt; es lenkt mich so sehr ab, dass ich ruhiger werde, und das kann ich ruhig zugeben. Ich schäme mich zwar ein bisschen dafür, aber eigentlich macht es mir sogar Spaß.

Arie kommt herein, lässt sich wie ein bleischwerer Sandsack auf den Stuhl fallen und angelt sein Buntstiftetui aus der Tasche. Arie hat einen festen Sitzplatz. Dort malt er schnaufend eine Postkarte aus, die er heute Abend seiner Frau geben möchte. Er sieht mich nicht eine Sekunde lang an. Niemand malt so akkurat und langsam und präzise aus wie Arie.

Manchmal kommt mir das Pflegepersonal grausam vor. Das Pflegepersonal ist nicht grausam. Arie kann unsagbar laut weinen, während er heiser und machtlos widerspricht. Er steht am Schalter. Er will nach Hause. Mit dem Auto. Er darf zwar kurz nach Hause, aber nicht mit dem Auto. Das geht nicht. Die ganze Station brodelt vor Ärger und Entrüstung.

Ich möchte etwas zu ihm sagen, das den Schmerz lindert. Aber mir fällt nichts ein, und außerdem habe ich die Befürchtung, er könnte mir eine knallen.

Als seine Frau mittags kommt, um ihn mitzunehmen und ein paar Stunden mit ihm zu Hause zu verbringen, ist sie sanft wie eine Mutter, wie eine Freundin zu Arie. Wer war Arie früher mal? Wie sah sein Leben aus? Was ist ihm abhandengekommen? Jeder hier hat ein Geheimnis. Ich habe die These, dass jeder Patient seine ganz persönliche Depression hat, die sich bei jedem auf eine andere Art äußert, und jeder wird anders behandelt, und jeder leidet.

Und ich kann niemanden fragen: Was fehlt dir? Erzähl mal. Das ist auch gar nicht erlaubt, jeder hat das Recht auf seine Privatsphäre. Manchmal frage ich aber doch, und die Antworten treiben mich in die Verzweiflung. Selber schuld.

Assistenzhund

Plötzlich war da ein Hund. Nichtsahnend machte ich mitten in der Nacht schlaftrunken die falsche Tür auf und hörte das hohe, schneidende Schreibellen eines Höllenhundes. Ich konnte gar nicht schnell genug die Flucht ergreifen. Es war übrigens kein Höllenhund, erfuhr ich später, sondern ein Assistenzhund. Der Hund gehörte zu einem Mädchen, das nachts eingewiesen worden war. Mit sowas rechnete ich einfach nicht. Ich dachte, sowas sei im Krankenhaus überhaupt nicht erlaubt. »Vielleicht könnten wir auch noch Hühner halten«, sagte ich am Empfang säuerlich. »Dann gibt es jeden Morgen für jeden Patienten ein Ei.«

Später wurde mir erzählt, dass der Hund nicht da war, um sie zu führen – das Mädchen war nicht blind –, sondern um sie zu beruhigen, wenn sie Angst hatte oder verwirrt war. Dann legte sich der Hund ganz dicht neben das Mädchen aufs Bett, um sie zu beruhigen und sie vor ihren nächtlichen Ängsten zu beschützen. Als ich das hörte, hätte ich weinen können.

Wir Normalsterblichen durften den Hund nicht berühren oder streicheln oder mit ihm sprechen, und das war ganz schön schwierig. So ein Hund soll seine Pflicht erfüllen, und mehr nicht. Darauf wurde er trainiert. Aber eigentlich wollten wir alle diesen Hund auf dem Schoß sitzen haben. Manchmal gingen wir mit dem blassen Mädchen mit zum nahegelegenen Wald. Es gab diejenigen, die zum Wald durften, wenn noch jemand mitging. Als ich zum ersten Mal allein zum Wald durfte, war das ein riesiger Erfolg für mich. Danach wollte ich jedoch gar nicht mehr unbedingt allein zum Wald. Ich fand es sogar ein bisschen unheimlich. Aber ich war auch stolz. Ich hatte es geschafft.

Es war herrlich, mit dem Hund durch die Natur zu schlendern. Mir fiel auf, dass der Hund häufig kurz aufblickte, um das Gesicht seiner Besitzerin sehen zu können. Am Waldrand nahm das Mädchen ihm die Leine ab, und er durfte kurz die Freiheit genießen. Mit dem Schwanz wedelnd legte er sich dann erwartungsvoll auf den Rücken. Er lief nicht weg. Wir streichelten ihn wie besessen, als ob auch er beruhigt werden müsste, und es war ein wunderbares Gefühl, als wären wir alle ganz normal. Er fühlte sich weich an, und sein Blick war ebenfalls weich. Im Wald durften wir ihn anschauen und mit ihm sprechen. In solchen Augenblicken gehörte er uns allen ein bisschen. Seine Besitzerin hatte nichts dagegen.

Die Besitzerin entpuppte sich als liebes und sanftes Mädchen, das immer etwas zu schnell und zu hoch lachte. Wir nannten sie Schneewittchen, weil ihre Haare rabenschwarz waren. Einige Male habe ich sie im frühesten Morgengrauen im gläsernen Zimmer sitzen sehen, das Raucherecke hieß, so weit wie nur möglich in die Ecke eines Sofas gepresst, die Arme fest um die angezogenen Beine. Als hätte sie sich in dem fast undurchsichtigen Rauch sicher gefühlt, als würde sie nicht existieren. Manchmal saß jemand bei ihr, aber sie sprachen nicht miteinander. Da sitzt man im allerfrühsten Morgengrauen in einem wildfremden Kasten voller Rauch mit einer völlig unbekannten Person, um sich die Lungen schwarz zu teeren. Schneewittchen in ihrem Glaskasten. Allein der Gedanke daran macht mich unendlich traurig.

Frauen

Es gibt eine große Frau, die mir gerne freundlich und geduldig beim Puzzeln hilft (»Das passt wahrscheinlich nicht, das ist bestimmt das falsche Teil, aber darf ich es aus Jux einfach mal versuchen?«), was ich sehr zu schätzen weiß. Das Puzzleteil passt immer. Aber manchmal ist die Frau plötzlich die schlimmere Patientin von uns beiden. Sie ruft ihren Mann an, sie will nach Hause. Sie sagt, das sei so abgemacht. Sie hätten das so vereinbart. Kurz hört man nichts. Erklärt er ihr, dass das nicht stimmt? Dass sie vielleicht den nächsten Tag vereinbart hatten? Gewöhnliche Sätze gehen in Anschuldigungen über. Kees, du lügst! Kees, du lügst! Kees, du lügst!

Sie darf das Telefon benutzen, das auf der Theke steht. Tränen, neue Anschuldigungen. Ich kann alles hören. Ich sehe, wie sich ihr Gesichtsausdruck ständig verändert. Mal ist er herzzerreißend traurig, mal ist er mir zuwider. Dann bleckt sie ihre Zähne ganz komisch.

Ich bleibe im Gemeinschaftsraum sitzen, ich bin kurz nicht da. Der Betreuer übernimmt den Telefonhörer, erreicht nichts. Das nimmt sie so nicht hin. Sie reißt ihm den Hörer aus den Händen. Er hat es gesagt. Und ob. Du lügst, Kees! Du lügst, Kees! Weinen ist schlimm, machtlos wütend schreien ist schlimmer, das bringt die ganze Abteilung durcheinander. Ich merke, dass ich im Stillen Partei für den Mann ergreife, der doch sowieso schon kein Leben mehr hat und die Partnerschaft tragen muss. Aber diese Frau mit den komischen Zähnen sucht für mich immer ganz aufmerksam Puzzleteile raus und freut sich für mich und für sich, wenn ein passendes dabei ist.

Etwas später sehe ich eine große, einsame Frau mit einem Koffer auf einem Stuhl vor der verschlossenen Tür sitzen. Die Tür ist abgeschlossen, die geht nicht einfach so auf. Aber am späten Nachmittag sitzt sie nicht mehr dort. Ihr Mann hat sie also doch abgeholt. Ich beneide den Mann nicht, das wird bestimmt kein schönes Wochenende. Partner sind Heilige, das habe ich schon mal gesagt.

Auf unserer Station gibt es auch ein altes Schätzchen, das immer leise wimmert, wie ein kleiner, ständig winselnder Hund. Es reicht aus, ihr einen Guten Morgen zu wünschen, da geht das Gewimmer schon los. Sie mag es, wenn man sie dann kurz in den Arm nimmt. Wie traurig muss jemand sein, wenn er immer weinen kann? Oder kann man das mit der bedeutungslosen Grimasse aus der Rehaklinik vergleichen? Es macht den Anschein, als wäre weinen für sie wie atmen. Vermutlich tut es vor allem uns gut, wenn wir sie kurz in den Arm nehmen, nicht ihr.

Ihr Mann, der mit dieser Situation augenscheinlich nicht gut umgehen kann, ist zu Besuch. Er geht nicht besonders liebevoll mit ihr um. Manchmal schaut er sich hilflos um, als würde er sich von uns Unterstützung erhoffen. Dann macht er ein gequältes Gesicht: Hört euch das nur an. Niemand reagiert, wir sind hier alle ziemlich durch den Wind. Das vergesse ich manchmal.

Trotzdem sieht ebenjener Mann jeden Abend mit seiner wimmernden Frau fern. Es gibt zwei Gemeinschaftsräume mit Fernsehern, einen, wo Männer Fußball schauen, und einen, wo man einschalten kann, was man will. Seiner Frau ist es egal, wo sie wimmert, also schaut er, was er will.

Manchmal finde ich ihn hartherzig, aber er versucht jeden Tag vergeblich, ihre Tränen zu stillen, während ich direkt weglaufen könnte. Und das mache ich auch oft. Dann habe ich keine Lust mehr auf das Gewimmer. So nett bin ich dann doch nicht.

Ich habe beispielsweise auch wenig Geduld mit einer Kindfrau, die von ihrem Mann aus tiefstem Herzen geliebt wird. Sie nennt ihren Mann *mein Männlein,* und wenn sie mit mir über Berend spricht, nennt sie ihn *dein Männlein.* Das will ich nicht. Er heißt Berend.

Einmal ist sie bei der Morgengymnastik still und sanft von der Bank geglitten. Alle kümmerten sich eine Ewigkeit um sie, bis sie mit einer Trage weggebracht wurde. Am nächsten Tag kam sie mit einem großen, roten Fleck auf ihrer Wange herein, als wäre sie übel gefallen. Kurz dachte ich: Die hat so lange ihre Wange geschrubbt, bis die Haut ab war. Ich kenne das, ich habe das selbst mal als Kind gemacht. In der Grundschule. Ein Rotzbengel hatte mir eine Ohrfeige verpasst, und ich wollte, dass er dafür gnadenlos eine Tracht Prügel kassieren würde. Rachsüchtig bin ich also auch. Was ist schlimmer: ein rachsüchtiges Kind oder eine Kindfrau?

Die Kindfrau scheint mit sich selbst unheimlich zufrieden

zu sein. (»So bin ich eben, ich will für jeden da sein.«) Ich kann meine Klappe mal wieder nicht halten. Ich sage: Du bist ganz schön zufrieden mit dir, was? Prompt füllen sich ihre Augen bis zum Anschlag mit Tränen. Sofortige Reue meinerseits.

Bei der Morgengymnastik sehe ich die Kindfrau und eine gertenschlanke große Frau aus Groningen (ich nenne sie Jans Pommerans, aber sie kennt den Namen nicht) schluchzend nebeneinanderher traben, mit triefnassen Gesichtern, Hand in Hand, und doch ohne jegliche Verbindung.

Schokolade

Im Fernsehen lief irgendwas mit Fußball. Zum ersten Mal schloss ich mich der kleinen Runde im Gemeinschaftsraum an. Was der Auslöser war, weiß ich nicht, aber zum ersten Mal fühlte ich mich heute Abend dazugehörig. Ich gehörte zu etwas dazu, und das gefiel mir. Ich holte eine ganze, köstliche Tony's-Chocolonely-Tafel aus meinem Zimmer, mein ultimatives Trostessen, brach sie in diese unmöglichen, eckigen Stückchen und verteilte sie. Was für ein lächerliches Design das doch ist. Aber jeder hat sich ein Stückchen genommen, und ich muss zugeben: Ich war stolz darauf, dass sie es von mir angenommen haben. Es machte mich sogar etwas glücklich, wie wir da beisammensaßen. Aber kurz darauf dachte ich: Pass bloß auf. Ehe man sichs versieht, ist es schon zu spät. Dann sitzt man in einer ruhigen Ecke im Abendlicht vor dem Fernseher, zusammen mit Leuten, die sich in den verschiedensten Stadien von Mut, Mutlosigkeit, Verwirrung und Kummer befinden.

Ein Mixer voll: Alte und Junge, Zufriedene und Unzufriedene, Traurige und Fröhliche. Und in diesem Mixer befinde ich mich, zusammen mit den anderen. Ich werde eins mit den anderen. Mit der Frau, die lachen kann wie ein Mann und die ihr Schicksal mannhaft akzeptiert. Mit dem Pessimisten, der nie was sagt, nah an den Wänden entlanggeht und einfach in Ruhe gelassen werden will. Schon allein, dass er ein Stückchen meiner Schokolade annimmt, macht mich sehr glücklich.

Und da sitzen wir. Elektroschocker, die man nicht so nennen darf, traurige alte Frauen, der zynische Schlauberger, der mit einem Mal so traurig schauen kann, dass man in dem Augenblick glaubt, man würde ihn verstehen. Atmende, unlösbare Rätsel, von innen oder von außen beschädigt.

Pass auf, denke ich. Bevor du es merkst, gewöhnst du dich an dieses sichere Gefühl. Dann gefällt es dir, dass du dazugehören darfst. Dann ist es der beste Ort zum Überleben. Dann kommst du hier nie mehr raus.

Aber schon am nächsten Tag hatte ich genug davon, und Schokolade war auch keine mehr da.

Trippelfrau

Wie beklagenswert so eine Hirnblutung auch ist, man kann nicht behaupten, dass hier keine Ordnung herrscht. Ja, in meinem Kopf herrscht wenig Ordnung. In meinem Kopf herrscht Chaos. Aber das heißt doch nicht, dass sonst nichts in Ordnung ist? Ordnung. Ordnung muss sein! Ich mache Listen, und die mache ich dann gleich zwanzigmal, so lange, bis sich kein einziger Fehler mehr finden lässt – bis ich einen Fehler finde. Obwohl ich früher quasi immer mit Farbe bekleckert und mit Erde beschmiert war und man mich vor lauter Schmutz nicht anfassen konnte. Gartenfrau.

Es hat mich einfach überkommen, und es hört auch nicht auf, als ich wieder zu Hause bin. Was vom Garten übrig ist, räume ich im Schneckentempo auf. Das ist vor allem für die Schnecken gut. Ich lerne meine Lektion: dass es nun mal so ist. Nein, das stimmt nicht. Auch wenn bereits Monate vergangen sind, habe ich meine Lektion immer noch nicht wirklich gelernt. Lasst es mich so sagen: Ich gestehe mir meine Veränderung ein, aber ich akzeptiere sie nicht. Mein lieber, tapferer Freund Roel, der auch so eine Hirnblutung wie ich hatte, aber schon vor Jahren, weiß, wovon ich spreche. Wenn es schneit, oder besonders kalt ist, oder der Himmel sich grau verfärbt, steht auf einmal ein Blumenstrauß vor der Tür, der ruft: Nicht weggehen! Sieh mich an! Martine, sieh mich an! Und denk immer daran: Von zehn Personen mit einer SAB, unserer Hirnblutungsart, sterben schon fünf auf dem Weg zum Krankenhaus, drei landen im Rollstuhl, und zwei sitzen später zusammen am Küchentisch, um über sich selbst zu reden. Das sind Roel und ich. Das ist das Schicksal, der Zufall. Ich hätte auch in einem Pflegeheim enden können, oder in einem Sarg. Warum bin ich nicht dankbarer?

Sonntagmorgen. Mann und Frau sitzen gemütlich zusammen beim Frühstück. Mann spielt den Engländer, mit Zeitung. Wie friedlich, wie gemütlich. Die Frau des Mannes spielt die Hausfrau und serviert ein gekochtes Ei. Schön, oder? Davon träumen alle Männer, von so einem schmackhaften Ei am Sonntag. Und dann vielleicht noch Zwieback mit etwas selbstgemachter Marmelade? Das ist ein Sonntag. Ich weiß, was ein Sonntag ist. Ein Sonntag ist eine weiße, bewegungslose Stille.

Aber ich bin fertig, und ich MUSS JETZT alles aufräumen. E.T. befielt mir das, der ist immer noch nicht tot. Stirb endlich, Verräter! Alles wieder zurück in den Kühlschrank räumen. Berend nimmt die um ihn herumtrippelnde Frau mit dem feuchten Lappen hin, die alles abwischen will.

Kurz darauf rückt sie mit einem dröhnenden Handstaubsauger und einer Kleiderbürste an. Jeder Fleck ist eine Sauerei und unerträglich und wird neuen Dreck anziehen. Die Trippelfrau traut sich nicht, neue Kleidung anzuziehen, aus Angst, sie würde nicht vollständig sauber bleiben. Ist Kleidung nicht genau dafür da? Anziehen und tragen und waschen, wenn es Zeit wird? Manchmal zwinge ich mich dazu, neue Kleidung anzuziehen, dann mache ich, was ich von mir selbst erwarte. Das macht Hoffnung für die Zukunft.

Aber bis es so weit ist, muss noch eine Menge passieren. In meinem Ordnungswahn ziehe ich Berends Teller weg, auf dem noch Essen liegt, während er seinen Mund gerade geöffnet hat und die Gabel noch in der Luft hängt. Schnell schaufelt er mehr auf die Gabel, obwohl die erste Portion noch nicht im Mund ist, er kaut um sein Leben. Ach herrjemine. Er ist doch schon so dünn.

Stolz

Im Krankenhaus gibt es eine neue Patientin, eine alte Frau ohne Zähne. Sie sitzt an einem anderen Tisch. Ich will mich vorstellen, aber ich traue mich nicht. Alles Unbekannte ist mir unheimlich. Plötzlich fragt die alte Frau mit einer affenartigen Brüllstimme: »Sind Sie mit Martine Bijl verwandt?«

»Nein«, antworte ich direkt, kurz angebunden und genauso laut wie sie. Die Frau starrt mich für den Rest der Mahlzeit unablässig an. Jetzt traue ich mich gar nicht mehr, etwas zu sagen, das ganze Frühstück über nicht. Wie soll das bloß heute Abend beim Rinderbraten werden?

Kurz vor dem Schlafengehen hole ich bei der diensthabenden Pflegerin im Tablettenzimmer meine Glückspillen ab. Und wieder begegne ich der Starrfrau vom Frühstück. Sie wartet auf ihre Portion Nachttabletten. Ich gehe zu ihr und sage: »Ich muss Ihnen etwas gestehen. Ich habe heute Morgen nicht die Wahrheit gesagt.«

Die Frau starrt mich an. »Also sind Sie es doch, Martine Bijl?« Mit ohne Zähne. Das nimmt mich sehr für sie ein.

»Ja. Aber ich habe mich nicht getraut, es zu sagen.«

Ich finde mich selbst unglaublich tapfer und sozial. Ich bin eine Heldin. Ich bin krankhaft stolz auf meinen eigenen Mut.

Als ich mit meinen Tabletten losziehen will, sagt die Pflegerin leise in meine Richtung: »Gut gemacht.«

Ich explodiere fast vor Glück. Ich rufe sofort Berend zu Hause an, um zu erzählen, wie gut ich mich verhalten habe. Berend jubelt angemessen. Ich schlafe fantastisch, auf diesem verschwitzten Plastikbett, E.T. unerschütterlich in meine Armbeuge gekuschelt, Schwarze Decke ruhelos wartend an meinem Fußende.

Inhalt

Rehabilitationsklinik

Vom Regen in die Traufe

Das Krankenhaus